우리가 함께한 시간들

우리가 함께한 시간들

초판 1쇄 인쇄 | 2023년 10월 18일
지은이 | 임무성
펴낸이 | 이재욱(필명:이승훈)
펴낸곳 | 해드림출판사
주　소 | 서울 영등포구 경인로82길 3-4(문래동1가 39)
센터플러스빌딩 1004호(우편07371)
전 화 | 02-2612-5552
팩 스 | 02-2688-5568
E-mail | jlee5059@hanmail.net

등록번호　제2013-000076
등록일자　2008년 9월 29일

ISBN　979-11-5634-560-2

우리가 함께한 시간들

임무성 수필집

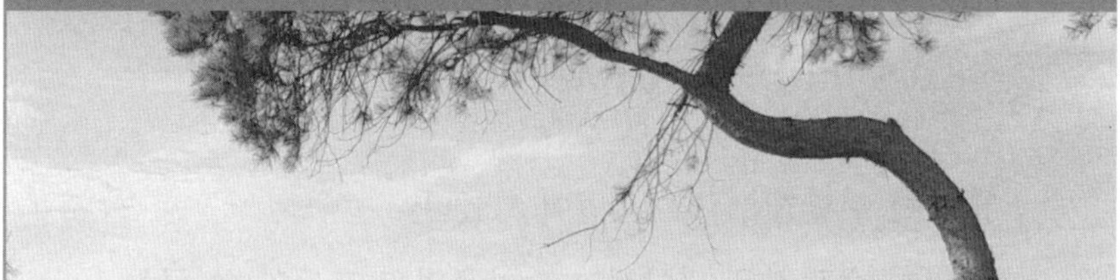

해드림출판사

서문

그대로의 내 모습

첫 번째 수필집을 낸 지 6년이 지났다.

두 번째 수필집을 내야겠다고 마음먹고 그동안 쓴 글들을 모아놓고 보니 그럴듯한 글은 보이지 않고 아직도 고만고만한 글들이라 독자들에게 내놓기가 민망하다.

첫 번째 수필집을 낼 때만 해도 두 번째부터는 좀 더 문학적인 수필을 써보리라고 결심했었다. 하지만 잘 쓰겠다는 욕심이 앞설수록 과도한 분장과 허세로 본래의 모습을 잃기 일쑤였다. 그래서 잘 쓴 글은 아니라 할지라도 최소한 진실에서 멀어지는 과오는 범하지 않으려고 노력했다.

나의 글은 있는 그대로의 내 모습이다.

내가 본 것, 내가 생각한 것과 내가 본 세상을 나름대로 해석한 것이다. 좋은 글은 아름다운 표현이나 멋을 부리는 데 있지 않고 좋은 생각, 즉 사유의 혁신이 중요하다고 한다. 나는 그와 같은 관점에서 나의 체험과 내가 보고 느낀 사회현상을 바탕으로 해서 글을 써왔다. 그래서 나의 수필을 '자전적 수필'이라 해도 좋고, '자전적 사회수필'이라 해도 무방할 것이다.

소설은 대체로 픽션을 다루는 문학 장르임에도, 오늘날에는 소설에서조차 자전적인 소설이 주목받는 시대가 되었다.

2022년 노벨문학상을 받은 프랑스 소설가 아니 에르노(Annie Ernaux, 1940~)는 "직접 체험하지 않은 허구를 쓴 적은 한 번도 없다."라고 밝혔다. 그만큼 개인의 경험과 철학적 사유의 영역은 문학작품에서 소중한 자산이라고 할 수 있을 것이다.

내게 수필 쓰기는 감사와 성찰의 시간이다. 또한, 늘그막 삶의 보람과 희망의 원천이다. 책 제목 『우리가 함께한 시간들』은 이 세상에서 함께했던 소중한 분들에게 드리는 내 나름의 감사 인사이며, 참회이기도 하다.

돌이켜보면 한평생 큰 잘못 없이 살아온 것이 나의 노력보다는 함께했던 모든 분의 도움과 따뜻한 격려와 사랑

덕분이었다. 가깝게는 부모 형제, 가족을 비롯한 친구, 선후배와 소중하게 인연을 맺은 모든 사람이 고맙고 또 고맙다.

수필집을 출간하는 데 여러분의 도움이 있었다. 해드림출판사 이승훈 대표, 임영숙 편집장과 에세이스트작가회의 문우들께 감사드리고, 이번에도 표지 도안을 맡아준 자부 문소연에게 감사한다.

2023년 가을

매화산방에서 休雲 임무성

차례

제 2 부

제 3 부

제4부

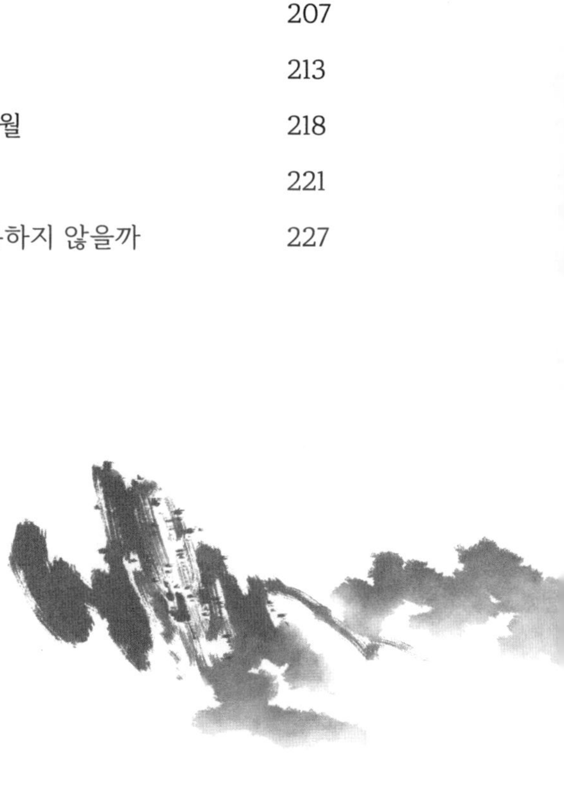

제5부

제1부

一枝春

AI시대의 수필은

초등학생 시절에는 사진관 한번 가는 게 큰 행사였다. 변변치 않은 옷일망정 갈아입고 까까머리도 이발했다. 이문동 집에서부터 사진관이 있는 청량리 로터리까지의 거리도 만만치 않아 걸어갔다가 걸어오면 종아리가 탱탱했다.

물론 사진값도 비쌌다. 요즘처럼 사진을 자주 찍는 시절도 아니었다. 조부님은 사진을 찍으면 사람의 혼이 사진으로 빠져나간다고 아예 사진이라면, 손사래부터 쳤다. 조모님의 사진이 한 장도 없고, 조부님의 사진이 명함판 단 한 장만, 남아 있는 것도 그 때문이 아닌가 싶다.

중학교에 진학하자 증명사진을 수시로 내라고 했다. 6·25 전쟁 후, 점심 도시락을 싸 오지 못하던 학생이 수두룩하던 때에 학생들이 제때 사진을 낼 수 없었던 것은 당연했다. 그때 공민(公民) 과목을 가르치시던 최 수동 선생님께서 이를 안타깝게 여기셨던지, 약간의 재료비만 받고 사진을 찍어주었다.

왕년의 권투선수답게 체격이 큰 선생님이었다. 점심시간에 학교 건물 빛바랜 시멘트벽에 '차렷' 자세로 세워놓고 찰칵찰칵 사진을 찍었다. 사진기는 위에서 아래로 내려다보며 찍는 사진기였다. 선생님은 수업시간에 가끔 공민 과목과 관계없는 사진에 대한 미래를 예견했다.

"지금은 외국에서 찍은 사진을 신문을 통해 흐릿하게 볼 수 있지만, 앞으로는 고도로 발달한 무선통신을 통해 아무 사무실이나 집에 앉아서 선명한 사진을 바로 받아 볼 수 있는 시대가 올 것이다. 천연색 사진도 일반화될 것이다."

학생들은 모두 꿈같은 얘기라며 어리둥절했다. 당시에는 한 학년 올라갈 때마다 담임선생님이 가정환경 조사를 했다. 60명이 넘는 반 학생들을 대상으로 해당자는 손을 들라고 했다. 라디오 있는 집, 신문 보는 집, 자전거 있는 집, 전화 있는 집, 전축 있는 집, 피아노 있는 집….

우리 반에서 딱 한 명이 피아노가 있다고 손을 들었다.

티브이는 아직 없던 시대이고 사진기는 귀중품이라 아예 조사대상도 아니었다. 나는 신문과 자전거, 라디오에 손을 들었다. 자전거는 짐을 많이 실을 수 있는 아버지의 자전거였다.

라디오는 오늘날 보는 그런 라디오가 아니라 유선방송사에서 집집이 삐삐 선으로 연결해 놓은 스피커 나무상자였다. 그 스피커는 「김삿갓 북한방랑기」나 「검은 꽃잎이 질 때」라는 연속방송극을 들을 때까지도 있었던 것 같다. 그런 시대에 선생님의 사진에 대한 미래 예측은 꿈같은 이야기일 수밖에 없었다.

그리고 오륙십 년이 지났다. 초등학생이나 노인이나 가릴 것 없이 수천만 국민이 고화질 카메라가 장착된 스마트폰을 들고 다니는 시대가 왔다. 초등학교 아이들도 쉽게 사진이나 동영상을 찍어 안방이든 어디서든지 외국에 있는 지인에게 자유자재로 보내고 받아 볼 수 있게 되었다.

4차 산업혁명이 일어났다. 컴퓨터의 발달로 인공지능(AI, Artificial Intelligence)이 눈부신 성장을 하는 가운데, 인공지능 '알파고'가 바둑계에 나타나 이세돌 9단을 물리쳐 세계를 깜짝 놀라게 했다. 인공지능은 이제 사진, 영화, 컴퓨터, 스마트폰을 비롯해 산업 분야에 깊숙이 자리하고 있다.

인공지능은 문학에도 큰 변화를 가져올 것 같다. 일본 나고야대 '사토시' 교수 연구팀이 개발하여 인공지능이 쓴 소설「컴퓨터가 소설을 쓰는 날」이 일본에서 문학상 예선을 통과했다는 보도가 있었다. 소설 첫머리는 이렇게 시작된다.

"그날은 구름이 낮게 깔리고 어둠침침한 날이었다. 방안은 항상 최적의 온도와 습도, 요코 씨는 단정치 않은 모습으로 소파에 앉아 의미 없는 게임으로 시간을 끌고 있다. 그렇지만 내게는 말을 걸지 않는다. 따분하다…."

컴퓨터가 쓴 소설의 서두가 작가들이 쓴 문장과 별 차이 없음을 볼 수 있다. 우리나라에서도 통신회사인 KT에서 2018년에 총 1억 원의 상금을 걸고 '인공지능이 쓴 소설' 공모전을 개최했다. KT에서는 이 공모전을 통해서 인공지능이 창작의 세계에 어떤 영향을 줄지 가늠해 볼 좋은 기회가 될 것이라고 했다.

하지만, 의문이 드는 것은 인공지능이 인간의 영역인 문학, 특히 자기 고백의 문학인 수필의 영역을 침범할 수 있을까 하는 점이다. 인공지능이 인간의 감성적 정서, 철학적 사고, 윤리, 창조적인 문학의 특성에 어디까지 접근해 올 수 있느냐는 것이다.

미래학자이며 과학자인 레이먼드 커즈와일(Raymond

Kurz-weil, 1948~) 박사는 그의 저서 『특이점이 온다. Singularity is near』에서 2045년에는 인간과 같은 지능을 가진 인공지능이 등장하게 될 것이라고 주장한다.

인간은 점점 기계처럼 될 것이고 기계는 점점 인간처럼 될 것이라고. 그는 '알파고'를 개발한 구글의 엔지니어링 이사이고 피아노로 유명한 우리나라 영창뮤직의 고문이기도 하다. 'Kurzweil'이라는 상표가 붙은 신시사이저는 그의 발명품이다.

최근엔 AI가 사람과 대화를 통해 점점 더 발전하며, 대화뿐만 아니라 작문, 번역 작업까지 가능한 챗GPT가 출시되었다니 충격이 아닐 수 없다. 우리나라에서도 한국형 챗GPT를 내놓을 것이라고 한다.

그러나 논문 대필, 문학작품 대필, 시험문제 풀이 등 부작용도 만만치 않을 것 같다. 벌써 가짜 논문까지 만들어 답변한다고 하니 이런 거짓말을 잘못 인용했다가는 크게 낭패를 볼 것이다.

공민 선생님의 미래에 대한 예측은 그 이상으로 현실화되었다. AI 발전 속도를 생각하면, 머지않아 인공지능이 무엇인들 못 하랴, 싶다. 인공지능이 영화를 보며 감동의 눈물을 흘리는 시대가 오리라는 것도 나는 부정할 수가 없다.

그러나 인공지능의 능력이 결코 인간의 창작력을 능가하지는 못할 것으로 생각한다. 인공지능에 필요한 자료도 결국 능력에 한계가 있는 인간이 입력해야 하기 때문이다.

특히 수필은 자기 고백의 문학이다. 다른 예술 분야에서는 일찌감치 인공지능의 도움을 받아 발전하고 있지만, '나'의 감정, 사고의 문학인 수필에서 인공지능이 이를 어떻게 극복할 수 있겠는가. 하지만 요즘 나처럼 고만고만한 글만 쓰다가는 독자로부터 외면당하고 결국 AI에 자리를 내줘야 할지도 모를 일이다.

별다줄 세상

'불백'이라는 음식을 처음 먹었던 때가 아마 육십 년대 중반쯤이었지 싶다. 당시 청량리 로터리 부근에 중앙회관이라는 고급 한식집이 있었다. 그 음식점의 불백은 아무 때나 먹을 수 없는 값비싼 음식이었다. 어떻게 먹게 되었는지는 기억나지 않지만 부르는 음식 이름이 마음에 들지 않았던 기억은 생생하다.

이 맛좋고 비싼 음식을 점잖게 '불고기백반'이라고 부르지 않고 다섯 글자 부르기가 뭐 힘들다고 두 자로 줄여서 부를까, 당최 마음에 들지 않고 또 형평성에도 맞지 않는다고 생각했다. 그럼 찌개백반도 '찌백'이라고 불러줘야 공평하지 않을까.

어쨌든 그게 실마리가 되었는지 몰라도 나는 요즘에도 말과 글을 줄여서 쓰는 걸 별로 달갑게 생각하지 않는다.

칠십 년대에도 줄임말이 없었던 것은 아니다. '우심깜뽀' 같은 유행어도 있긴 했었다. 우심깜뽀(우리 심심한데 깜깜한데서 뽀뽀나 한 번 할까)는 훤칠한 키에 싱거운 연기나 악역으로 인기를 끌었던 유명배우 허장강 선생이 영화에서 썼던 데서 유래한다.

그의 말 한마디나 행동 하나하나가 곧 유행될 정도로 인기가 있었는데, 연예인 축구대회에서 쓰러져 50세로 타계해 많은 팬에게 충격을 주었다.

정치권에서 쓰는 유명한 줄임말은 '내로남불'이다. 국회의정 단상이나 주요 신문에도 늘 쓰고 있어 아이들이 사자성어로 알까 봐서 걱정이다. 아내도 툭하면 나에게 그 소리를 하는 것을 보면 어지간히 일상용어가 된듯하다.

인터넷과 스마트폰 시대가 열리면서 사이버 공간에서 줄임말은 물론 은어, 신조어가 막 쏟아지고 있다. 바른 말 고운 말은 뒤로 밀리고 한글은 만신창이가 되어가는 것 같다. 한글날만 되면 줄임말은 여지없이 비판의 대상이 되지만 오히려 점점 늘어나는 추세다.

얼마 전에 출간된 책에서는 시대를 반영한 '임계장'이야기가 나온다. 임 씨 성을 가진 계장이 아니라 '임시 계약직 노인장'이다. '고다지(고르기 쉽고 다루기 쉽고 자르기 쉽다)'도 나온다. 노동과 취업 시장의 현실을 풍자한 말들이다.

신문도 정신 차리고 읽어야 한다. 코로나19의 기승으로 설날에는 가족이라도 6인 이상 모이지 못하게 하는 정부의 엄명이 내려졌다. 일간신문 사회면에는 이런 제목이 실려 있었다. '나 홀로 설에… 떡국 말고 편도', 도대체 무슨 뜻인지 몰라 자세히 들여다보니 편도는 '편의점 도시락'이었다.

아무리 스피드 시대요, 유행의 시대라 할지라도 이건 너무 심한 게 아닐까. 눈팅, 프사, 존모, 반모는 일반화되었고, 초성 줄임말도 유행이라, 뒤떨어져 보이지 않으려는 어른들이 젊은이들 따라 하느라고 고생이 말이 아니다. ㅎㅇ은 안녕, ㅂㅂ은 잘 가, ㅅㄹ은 싫어, ㅇㅉ은 어쩌라고. 정말 어쩌려고 이러는지 모르겠다.

아무리 생각해봐도 '웃픈 세상'이다. 웃기고도 슬픈 세상의 줄임말이다. 그야말로 '별다줄(별걸 다 줄인다)'세상이 아닌가.

종이 사전이라니

외손녀가 손주 중에 처음으로 중학생이 된다. 2020년 2월 13일에 초등학교 졸업식을 하고 3월 2일에 중학교 입학식을 한다고 한다. 졸업식 날에는 '빛나는 졸업장을 받는 손녀에게 꽃다발을 한 아름 선물'하려고 손꼽아 기다렸는데 '코로나19'로 허사가 되어버렸다.

학교에서 가정통신문을 보내왔는데, 졸업식을 각반 교실에서 간소하게 할 예정이라며 학부모의 참석은 불가하다는 내용이었다. 이런 황당한 일이!

기념이 될 만한 선물이라도 사주려고 이것저것 생각하

던 끝에 중학생이 필요한 게 '사전'만 한 게 있으랴 싶어 동네 서점엘 갔다. 서점 주인이 무슨 책을 찾느냐고 하기에, 중학교 입학할 아이에게 선물할 '국어사전'과 '영한사전'이라고 했더니, 잠시 머뭇거리다가 이렇게 대답하는 게 아닌가.

"요즘엔 학생들이 사전을 찾지 않아 갖다 놓지 않습니다. 무슨 사전을 원하시는지 말씀해 주시면 이삼일 내로 갖다 놓겠습니다."

아니, 그럼 요즘 학생들은 사전도 없이 공부하느냐고 눈을 크게 치켜뜨고 반문했더니, 주인은 오히려 나를 뜨악하게 쳐다보며 말했다.

"종이 사전 대신에 인터넷으로 검색을 하는 시대랍니다. 스마트폰만 있어도 다 해결이 되니까요."

나는 참 세상이 이렇게 변해버렸나, 하고 혀를 차며 그냥 나왔다. 그래서야 무슨 공부가 제대로 되겠나….

몇 년 전, 어느 인터넷신문사 사장과 대화를 하면서도 혀를 찬 적이 있었다. 그는 '신문'이면 그냥 신문인 것이지, 일간신문을 꼭 '종이 신문'이라고 '종이'를 덧붙였다. 지방의 작은 군(郡) 단위에도 인터넷신문사가 대여섯 개씩 있어 주민들이 뉴스를 인터넷으로 검색하며, 종이 신문은 관공서나 꼭 필요한 사람만 본다고 했다.

하기야 전철 안에서 신문이나 책을 보던 품격 높던 풍경은 사라지고, 노소를 막론하고 열에 아홉은 스마트폰에 코를 박는 시대로 변하지 않았던가. 서울 지하철 1호선이 개통된 1974년 이래 1980, 1990년대만 해도 전철 좌석에 앉은 승객 대부분은 꾸벅꾸벅 조는 사람을 빼고는 책을 읽거나 신문을 봤다. 신문으로 인한 부작용이 나타나 수시로 안내방송을 하기도 했다.

"승객 여러분, 신문을 쫙 펼쳐서 보지 맙시다. 옆 승객이 불편합니다. 다 보신 신문을 전철 선반에 올려놓지 말고 정류장 휴지통에 버립시다."

신문을 선반에 올려놓아도 직업적으로 폐지를 수집하는 분들이 재빨리 거둬 갔다.

그 후 폴더폰 시대를 지나 스마트폰 시대가 열리면서 전철에서 신문을 보는 풍경은 사라졌다. 앉아있는 승객이나 서 있는 승객이나 모두 스마트폰에 빠졌다. 요즘 내가 좌석에 앉기만 하면 신문이나 책을 펴드는 것은 아마도 스마트폰에 빠진 사람들에 대한 불편한 심기의 발로가 아닌가 싶다.

'코로나19' 예방책으로 고령자는 될 수 있는 대로 외출을 자제하라는 보건당국의 경고를 무시하고 마스크로 무장한 채 종로의 Y문고를 찾아갔다. 입학 시즌이니만큼 각종 사전이 잔뜩 쌓여있을 것이라는 내 기대는 빗나갔다. 대형서점이 무색하리만큼 사전이 진열된 매대는 초라했다. 선택의 여지도 없어 진열되어있는 '중학 영한사전'과 '으뜸 국어사전'을 한 권씩 샀다. 전철을 타고 돌아오면서 즐거운 마음으로 손녀에게 카톡을 띄웠다.

"졸업과 입학 선물로 영한·국어사전 두 권 구매, 공부할 때 잘 활용할 것."

손녀의 반응은 의외로 시큰둥했다.

"사전? 스마트폰이나 컴퓨터로 검색하기 때문에 별 필요 없을 것 같음, But 감사해용."

손녀의 시원찮은 반응으로 미루어 보아 실천을 하지 않을 것 같아 유인책을 썼다.

"영어, 국어사전 낱말을 찾아볼 때마다 그 단어에 밑줄을 쫙 쳐놓을 것. 줄이 많은 만큼 상응한 상을 주겠음."

잠시 후 손녀에게서 카톡이 왔다. 내가 낱말을 잘못 써 보낸 모양이었다.

"할아버지, '믿줄'이 아니라 '밑줄', 벌금 천 원입니당."

그날 저녁에 코로나19와 관련해 약국에 관한 얘기가 나왔다. 약국을 영어로 손녀는 'Pharmacy'라고 하고, 할아버지는 'Drugstore'라고도 한다며 그 용법을 찾아보기로 했다.

나는 사전을 찾고 손녀는 스마트폰으로 검색했다. 스마트폰에서는 약국에 대한 설명뿐만 아니라 원어민 여선생이 정확한 발음으로 단어를 또박또박 반복하고 있었다. 나는 손과 눈으로 단어를 익히라고 했는데, 손녀는 벌써 손과 눈과 귀로 공부하고 있었다.

중국 우한에서 발원했다는 코로나19는 전 세계로 무섭게 전염되어 세계보건기구에서는 팬데믹(세계적 유행)을 선언했다. 일찌감치 전염된 우리나라는 병원 병상이 부족하고 마스크 대란이 일어났으며, 전 세계로부터 입국 금지를 당했다.

중학교 입학식은 계속 연기(3월 2일→3월 23일→4월 6일→4월 16일)되었다. 4월 16일 개학도 등교는 하지 않고 수업을 온라인으로 한다고 발표했다. 손녀는 이미 영어 과외공부를 온라인으로 하고 있었다.

어린아이들에게 그런 식으로 해서 공부가 제대로 되겠나? 나는 계속 회의적이다. 학교 공부도 이제 온라인 수업으로 하는 게 일상화되었다.

사실을 털어놓건대, 인공지능(AI) 시대가 이미 도래한 마당에 나는 지금도 아날로그 향수 속에 살고 있음을 실토

하지 않을 수 없다. 나는 오늘도 문우가 우편으로 보내온 '종이 수필집'을 읽으며 작가와 무언의 교감을 하고 있다.

인공지능은 급속도로 발전하고 있다. 학교에서 종이 교과서가 곧 사라질지도 모르겠다. 정부에서는 2025년부터 교실에서 AI 기술을 적용해 종이 교과서와 디지털교과서를 함께 사용하다가 2028년부터는 디지털교과서로 전면 전환할 계획을 세우고 있다고 한다.

최근엔 스마트폰으로 검색이 가능한 챗봇(chatbot), 챗 GPT가 화제가 되고 있다. 챗 GPT란 채팅을 통해 검색할 수 있고 작문, 번역 등이 가능한 혁명적인 AI 모델이다. 하루가 달라지는 이러한 세상에 나는 얼떨떨하고 있다. 그러나 어찌하랴.

시대에 뒤떨어지지 않고 살아가려면 새로운 전자기기 사용법을 적극적으로 익히는 수밖에 없는 것을. 요즘엔 손주들이 나의 스마트폰 선생님이다.

증말 여사에게

지금 세상이 정말 살기 좋은 세상인가. 어떤 사람들은 지금같이 살기 좋은 세상이 어딨느냐고 말하지만, 하나하나 들여다보면 우리네 살림살이는 오히려 더 어려워지는 것 같다. 일자리가 줄어 실업자는 날로 늘어나고, 코로나19까지 기승을 부려 소상공인, 자영업자는 줄줄이 문을 닫는 실정이다. 그런데도 정부에서는 별 뾰족한 수를 내놓지 못하고 있으니, 걱정이 태산이다.

그래서일까. 나는 요즘 무슨 일이든지 열심히 하는 사람들을 보면 믿음직스럽고 고마운 마음이 든다. 영하의 날씨에 도로 공사장에서 곡괭이질을 하는 청년이나, 무거운 짐을 잔뜩 들고 아파트 계단을 오르내리는 배달원이나, 번화가 길목에서 이리저리 뛰어다니며 홍보 전단을 나눠주는 아주머니들도 그렇다.

직장 다닐 때의 일이다. 서울 시청 뒤편 무교동 골목으로 점심을 먹으러 나가면 이런저런 홍보 전단을 한 움큼씩이나 받곤 했다. 아주머니들이 노루목을 지키고 서서 나름 요령을 부리며 재빠르게 손에 쥐여 주었다.

설렁탕집 개업, 헬스클럽 요금 대폭 할인, 직장인 대출 우대 등 내용도 각양각색이다. 어떤 행인은 그걸 받으면 무슨 변이라도 당하는 양 안 받으려고 요리조리 피하기까지 하지만, 나는 슬쩍 그쪽으로 일부러 가서 받기도 했다.

나는 그들이 그 일을 해서 하루에 얼마를 버는지 알 수 없었지만, 얼마가 되든지 간에 가족들의 생계를 잇고, 아이들의 학비로 쓸지도 모른다고 생각하면 그들이 건네주는 전단을 꼭 받아야만 될 것 같았다.

돌이켜 보면 우리 가족도 그런 적이 있었다. 6·25전쟁 때 피난 갔다가 휴전이 되어 다시 서울로 돌아왔지만, 폐허가 된 도시에서 끼니조차 잇기 어려웠다. 어느 날 어머니는 어디에서 종이와 풀을 한 보따리 가져와서 봉투를 붙이고 계셨다.

요즘은 가게에서 물건을 사면 비닐봉지에 넣어주지만, 그때는 종이봉투에 넣어주었다. 우리 형제들도 달려들어 봉투를 산더미처럼 만들었다. 아마 천장을 붙였어도 요즘 돈으로 천 원도 못 받았지 싶다. 그래도 그 일이나마 있었던 것이 다행이었다.

요즘은 내가 번화가에서 홍보 전단을 나누어주는 아주머니 옆을 천천히 지나가도 나를 한번 쓱 훑어보고는 안 본 척 고개를 획 돌리고 만다. 전단 배포 대상에서 제외된 것이다. 그래도 그냥 주면 될 텐데, 참 정직한 아주머니들이다. 그들의 선택과 집중이라고 해야 할까, 투철한 직업의식이라고나 해야 할까.

나는 '이 분야에도 전문가가 있구나', 하며 웃고 말지만 그럴 때면 왠지 나 자신이 대중으로부터 소외된 것 같은 느낌이 들기도 한다. 어쩌다 전단을 줘서 받아 보면 십중팔구 보신탕이나 순댓국집 같은 소규모 식당의 개업을 알리는 내용이 대부분이다.

그렇게 소외감을 느끼던 내가 어깨에 힘이 들어간 일이 있었다. 전철역을 빠져나와 집으로 가는데 다부지게 생긴

한 중년 아주머니가 널따란 고급 전단을 나에게 주면서 오피스텔 홍보지니 한번 보라며 크리넥스 화장지도 한 통 주겠다고 했다.

손해 볼 일도 없어 홍보지를 펼쳐보려는데, 여기서 보면 안 되고 근처에 있는 모델하우스까지 가야 한다고 했다. 귀찮아서 바쁘다는 핑계를 대고 그냥 가려 했더니 별안간에 아주머니의 목소리가 높아졌다.

"증말, 맨날 뭐가 그리 바빠, 증말."

그 소리에 나는 그만 '푸하하하' 하고 웃음을 터트렸다. '증말'은 뭐고 '맨날'은 또 무엇이란 말인가? 그런데도 묘하게 기분이 나쁘지 않았다. 지금 나에게 내미는 홍보 전단은 젊은이들에게나 나눠주는 몇만 원, 몇십만 원대의 전단이 아니고, 최소한 수억을 호가하는 오피스텔 홍보지다. 그녀에게는 갓끈까지 떨어진 내가 꽤 돈푼깨나 있어 보이는 어르신으로 보인 것이 틀림없다는 생각이 들었다.

잠시 머뭇거리자 그녀는 낌새를 챘는지 내 팔짱을 꽉 꼈다. 바로 옆이라는 모델하우스는 한참을 걸어야 했다. 모델하우스에 데리고 들어가는 것까지만 '증말 여사'의 임무였는지 그곳에서 나를 직원에게 잽싸게 인계하고 그녀는 사라졌다.

자신을 홍보팀장이라고 소개한 말쑥한 차림의 청년이

모델하우스의 각 방을 안내하며 세련된 자세로 이모저모를 상세하게 설명했다.

요점은 한강 변 전망 좋은 곳에 짓고 있는 이 오피스텔에 지금 투자해두면 얼마 후에 억대의 프리미엄인가 뭔가를 얻을 수 있다는 것이었다. 나는 사실 그가 힘주어 설명하는 오피스텔에는 관심이 없었지만 증말 여사의 체면을 세워주기 위해서라도 아주 성의 있게 듣는 척했다.

가끔은 '증말 여사'와 한편이라도 되는 양 필요도 없는 질문을 해가며, 오피스텔의 구조가 마음에 든다는 둥, 비위를 적당히 맞춰주고 꼭 다시 오겠다는 빈 약속을 하고 나왔다. 선물로 받은 네모난 크리넥스 화장지의 값어치는 넘치도록 했다고 생각이 드니 마음이 홀가분했다.

머지않아 이른바 4차 산업혁명으로 인공지능 로봇이 기존 일자리를 대거 빼앗을 것이라고 한다. 어느 연구소의 보고서에 의하면 최근 몇 년 사이에 많은 일자리가 사라졌지만, 가까운 장래에 수만 개의 일자리가 더 사라질 것으로 예측한다.

어쩌면 홍보 전단 일도 인공지능 로봇이 대신하는 시대가 올지 모른다. 설사 그런 시대가 온다고 하더라도 로봇 아주머니가 증말 여사와 같은 순발력을 발휘할 수 있을까. 어쨌든 세상 살기가 더 좋아져서 열심히 일하고 있는 증말 여사 같은 분들이 로봇에게 그 일을 빼앗겨도 편안히 살 수 있는 세상이 오기를 기대해 본다.

오늘도 길거리에서 꿈과 희망을 포기하지 않고 고군분투하고 있을 '증말 여사'에게 응원의 박수를 보낸다.

지퍼란

요즘 외출할 때는 항상 가방을 들고 다닌다. 가벼운 점퍼 차림일 때는 끈이 달린 작은 가방을 한쪽 어깨에 메고 다니기도 한다. 젊은 시절에는 가방이건 뭐건 들고 다니는 건 딱 질색이었는데, 이젠 사정이 달라졌다.

이것저것 가지고 다녀야 할 것이 많아서이다. 안경만 해도 쓰는 안경 외에 돋보기와 선글라스도 가지고 다닌다. 또 가방에는 전철에서 꺼내 읽을 책이나 신문을 넣고, 일상에 필요한 휴지, 물티슈와 껌도 넣는다. 간단한 필기구와 휴대용 칫솔도 주야장천 넣어둔다.

가방에는 대개 이런 잡동사니만 잔뜩 들어있어서 가방 지퍼도 대충 닫고 다닌다. 열린 채로 그냥 들고 다니기도 한다. 지퍼를 여닫지 않고도 쉽게 안경이나 읽을거리를 꺼냈다가 넣다가 할 수 있어 편하기도 하니까.

며칠 전에는 전철에서 가방을 들고 서 있는데, 앞 좌석에 앉은 노신사가 친절하게도 가방이 열렸다고 알려주었다. 나는 깜짝 놀라는 척하며 인사를 하고 얼른 지퍼를 닫았다. 그 어르신이 불편했었던가 보다.

나도 그런 경험이 있다. 콩나물시루 같은 퇴근길 전철 안에서 젊은 여인의 원피스 등 뒤 지퍼가 내 코앞에 내려와 있는데, 말을 해 주려 해도 민망해서 입을 다물고 있으려니 무척이나 불편했었다. 눈 딱 감고 지퍼를 죽 올려주면 속 시원 하련만 그럴 수도 없고.

나이 들어갈수록 감정이 점점 무디어져 감에 놀란다. 지퍼가 열렸다고 가방 속이 다 보이거나 잡동사니가 쏟아지는 것은 아니지만, 어찌 가방을 열어놓고 다녀도 아무렇지 않아졌는지 모르겠다.

그뿐만 아니라 바지 지퍼를 올리지 않고 돌아다니다가 뒤늦게 알고 슬쩍 올리면서도 왜 얼굴이 붉어지지 않는지 모르겠다. 웬만한 일에는 이제 별로 놀라지도 않고, 알아도 뻔뻔하다. 이러다간 무의식적으로 체면이고 뭐고 다 내려놓을까 봐 나 자신이 걱정된다.

공자는 칠십이종심소욕 불유구(七十而從心所欲, 不踰矩), 칠십에 이르러서는 마음 내키는 대로 행동을 해도 규범을 넘지 않았다고 했다. 인생 칠십이면 숱한 경험과 오랜 수양으로 성인의 경지에 이르렀기에 모든 행위가 법도에 어긋남이 없다는 뜻이다.

가끔 이 글을 엉뚱하게 해석하는 친구들도 있다. 칠십이면 방귀를 마음 놓고 뀌어도, 웬만한 욕설은 맘대로 해도 흠이 되지 않는다며 막말을 하여 눈살을 찌푸리게 한다.

성인의 경지는 차치하고라도 부끄러움을 모르는 친구들이 늘어나고 있다. 자기주장도 강해지고, 점점 주변을 의식하지 않으려 한다. 나 편하다고 지퍼를 마구 열어놓고 다니는 나 역시 마찬가지다.

사람은 늙어갈수록 겸손과 자기성찰과 타인을 배려할 줄 아는 소양을 쌓아야 한다는 옛 어른의 말씀이 요즘에야 절실하게 느껴진다.

이재무 시인은 이렇게 설파했다.

"지퍼는 열리기 위해 존재하지만 닫혀있을 때 더 지퍼답다."

그게 어찌 가방의 지퍼뿐이랴!

광화문 이발관

친구 중에 사업을 잘해서 돈을 꽤 번 친구가 있다. 그는 요즘에도 이발을 꼭 종로통에 가서 한다고 했다. 그때마다 나는 속으로 '역시 돈 많이 번 친구는 다르구나!'라며 부러워했다.

나도 한때 종로 바닥에서 이발을 해봐서 안다. 이발은 둘째쳐놓고 푹신한 고급스러운 의자에 드러누우면 은은한 장미 향을 풍기는 아가씨가 마른 수건으로 눈을 가리고 적당한 강도의 아귀힘으로 팔다리를 시원하게 주물러서 아스라이 잠이 들게 하곤 했다. 얼굴 마사지까지 받고 이발관을 나올 때는 기분이 상쾌하고 몸도 날아갈 듯 가벼웠다.

그런 이발관은 요금도 비싸지만, 팁도 넉넉히 주어야 하므로, 요즘 형편엔 언감생심일 뿐이다. 그러니 그 친구가 부러울 수밖에…. 그러면서도 나는 속으로 그 친구야말로 돈이 아깝다는 생각을 안 할 수 없다. 그는 사실 머리카락이라고는 머리 뒤통수에 몇 올 붙어있는 정도이기 때문이다.

종로 한복판인 낙원동 일대를 수십 년간 지나다녔으면서도 이곳에 이렇게 이발관이 즐비한 줄 몰랐다. 한 달에 한두 번은 이 지역을 오가며 관심을 두고 보니 이발관 간판도 흥미로웠다. '파라다이스' '스타즈' '명랑' 등 감격시대에 보았음 직한 상호들이 많았다. '파라다이스'는 낙원동에 있으니까, '스타즈'는 근처에 이름난 허리우드 극장이 있으니까 그렇게 지었나보다 했다.

이발관 골목 입구에 뱅글뱅글 돌아가는 사인볼은 우리 동네와는 사뭇 다르다. 우리 동네는 빨강, 파랑, 하얀색의 삼색 등이 온종일 돌아서 하늘로 올라가는데, 이곳 삼색 등에는 요금만 굵게 쓰여 돌고 있다.

이발 3,500원, 염색 5,000원. 어떤 이발관은 염색 포함해서 6,000원이라고 쓴 집도 있다. "무슨 이발비가 저렇게 저렴할 수가 있나? 아마 종묘 앞 공원이나 탑골공원에서 소일하는 노인들을 대상으로 하는 업소일 거야"라는 추측만 했다.

그러면서 '싼 게 비지떡'이라고, 옛날에 이발하다가 기계충이 옮아 머리에 부스럼을 덕지덕지 달고 다니던 아이들이 꽤 많았다는 생각이 얼핏 떠올랐다.

우리 동네 이발요금은 염색을 포함해서 대개 2만 5천 원 내외다. 나는 단골 목욕탕 탈의실 옆에 나지막하게 칸막이를 쳐놓은 이발소에서 이발했다. 머리를 감겨주지도 않으면서 꼬박꼬박 2만 5천 원을 받기 때문에 요금이 비싸다고 속으로 항상 불평했었다.

그러나 단골 이발사는 내가 고개를 떨어뜨리고 침을 흘리며 졸아도 이발만큼은 마음에 들게 해놓았었다.

어느 날 그가 갑자기 떠나버린 후, 새 후임자는 우리나라 무슨 이용사대회라든가? 아시아 무슨 대회에서 우승했다는 작은 플래카드까지 걸어 놓았는데, 이발을 해보니 영 맘에 들지 않았다. 그때부터 나는 동네 이곳저곳을 헤매게 되어 이 일대의 이발요금을 꿰뚫게 되었다.

어느 날 낙원동을 지나가는데 뱅뱅 돌아가는 사인볼이

나를 끌어당겼다. 이발 3천5백 원에 염색 5천 원이라! 둘을 합해도 우리 동네보다 1만7천 원가량 싸지 않은가? 마침 이발할 때가 되었고 시간도 넉넉했다.

이집 저집을 기웃거리다가 '광화문 이발관'이라는 간판이 보였다. 종로 바닥에 난데없이 광화문 이발관이라니…. 그러면서도 발길이 그 집으로 향했다.

나는 한때 광화문 정부종합청사에서 일했던 적이 있다. 퇴근길에 광화문 뒷골목 포장마차에서 소주잔을 기울이거나 목로주점에서 팝콘 접시를 앞에 놓고 드라이 진 잔에 얼음을 넣어 마시며 그날의 스트레스를 풀곤 했다. 그랬던 추억이 있어서 나도 모르게 그 이발관으로 발길이 향했는지 모른다. 막상 들어가려니 꺼림칙했다.

'아무리 그래도 그렇지 여길 어떻게…' 그러나 손은 이미 문고리를 잡아당기고 있었다. 움츠리며 들어가 재빠르게 주위를 휘 돌아보았다. 다행히 아는 사람은 없었다.

이발관 안에는 열댓 명이 북적거렸다. 이발사는 여섯 명인데 이발, 염색, 머리 감겨주기를 돌아가면서 기계처럼 해냈다. 손님이 계속 들이닥쳐 그들은 쉴 틈이 없었다. 손님들은 대부분 육칠십대였는데 그들의 인상이나 차림이 생각보다 초라해 보이지는 않았다.

그때 내 옆에서 대기하고 있는 두 손님의 대화가 남의 얘기처럼 들리지 않았다.

"퇴직금은 딸 시집보내느라고 다 쓰고, 살던 집은 줄여서 아들놈 장가보내고 나니 이젠 빈털터리가 되어버렸어요. 그렇다고 자식들에게 손을 벌릴 수도 없어 한 푼이라도 아끼려고 전철을 타고 멀리 여기까지 온다오."

내 차례가 되어 의자에 앉아 너무 치키지 말고 길지도 않게 해달라고 했더니, 10분도 안 걸려 깎아 놓았다. 나는 단 두 마디밖에 하지 않았는데 그는 내가 원하는 이발을 깔끔하게 해놓았다.

곧 염색하고 나서 우리 동네처럼 15분을 기다리게 했다. 염색하면 머리가 가렵기 마련인데, 이 집 염색은 가렵지 않은 모양이라고 생각했다. 왜냐하면, 거울 옆에 '염색하고 가려운 분은 말씀하세요!!'라고 당당하게 써 붙여 놓았기 때문이다. 머리까지 말리고 옷을 입을 때까지 30분 남짓 걸렸다. 동네에서 이발하면 요금도 아깝지만 눈감고 마냥 앉아있는 게 답답했는데 이 이발관은 빨라서 좋았다.

빠르고, 잘 깎고, 요금이 싸서 일거삼득이라는 생각을 했다. 요금을 치른 후에 부리나케 나와 뒤도 돌아보지 않고 재빠르게 인파 속으로 들어가 미소를 지었다. 이게 바로 노년 생활의 지혜가 아니겠나!

그렇게 몇 번을 다니던 중, 옛날에 가깝게 지내던 후배를 여기서 만날 줄이야. 간발의 차이였다. 내가 옷을 입고 나오려 하고 그는 막 들어온 참이었다. 용하게도 단박에 나를 알아본 그는, 큰 눈을 더 크게 뜨고 내가 못 올 데라도 온 것처럼 '선배님, 여긴 웬일이십니까?'라며 큰소리로 외쳤다.

나는 그보다 더 놀라면서 그의 손을 잡아끌고 밖으로 나왔다. 그리곤 맘에도 없는 '오래간만일세, 이렇게 만나기도 어려운데 지금 바쁘지 않으면 대포나 한잔할까?'라는 말이 저절로 나왔다. 길 건너편에 있는 동그랑땡 집에 들어가 나는 장광설을 늘어놓으며 돈 염려 말고 먹고 싶은 안주를 맘대로 시키라고 했다.

나는 후배에게 '광화문 이발관'이 머리염색을 잘한다며,

"염색에 얼마나 자신이 있었으면 '염색하고 가려운 분은 말씀하세요!!'라고 거울 옆에 당당히 써 붙여 놓았겠는가."

라는 말도 했다. 그러자 후배가 나를 빤히 쳐다보면서 말했다.

"선배님, 그건 그게 아니고 염색을 하면 머리가 가려운 사람은 미리 말하라는 뜻입니다. 염색하면 알레르기 반응을 일으키는 사람이 있거든요."

나는 그 후배와 헤어진 후 다시는 종로로 이발을 하러

가지 않겠다고 작심했다. 그 이유는 후배와의 조우 때문만은 아니었다. 어느 날 오후에 이발하러 갔다가 왕년에 돈 많이 번 그 친구가 바로 옆집 이발관으로 쏙 들어가는 것을 뒤에서 얼핏 보았기 때문이다. 설마, 했다.

나는 그가 제발 내 친구가 아니기를 바랐다. 그러나 그 다음번에는 먼발치지만 그가 틀림없다는 것을 확인할 수 있었다. 그 후 나는 이발을 하러 가면 그 주변을 조심스럽게 살폈다. 매사에 큰소리를 치는 그 친구를 당황하게 하고 싶지 않았다.

내가 광화문 이발관 출입을 끊은 후에, 한때 광화문은 새로운 활기로 가득 차는 듯했다. 대한민국 최초의 여성 대통령이 국정농단의 책임으로 탄핵을 당하고, 새로운 대통령이 탄생했다. 새 대통령은 국민과 소통하는 광화문 시대를 열겠다고 공언했다. 광화문은 새로운 시대의 상징으로 떠올랐다.

나는 다시 동네 이발관을 다니던 중에, 이발할 때만 되면 2만 5천 원과 8천 5백 원 사이에서 갈등하게 되었다. 슬슬 꾀가 떠올랐다. 아침 일찍 가면 되지 않을까? 나는 아침 식사를 한 후, 아내에게 아무 말도 하지 않은 채, 무슨 중요한 일이라도 있는 양 외출복에 아침 신문을 접어서 들고 집을 나섰다.

바로 그날은 새 대통령이 광화문 시대를 공언한 날이었다. TV 화면에는 대통령이 상기된 얼굴로 국민과의 소통과 국민의 복지를 향상하겠다며 두 주먹을 불끈 쥔 장면이 나왔다. 하지만 국민의 반쪽은 도대체 믿음이 가지 않는다고 외면했다.

나조차도 공정이니 정의니 하는 수식어가 귀에 들어오지 않았다. 끼리끼리 잔치가 될 게 뻔하고 공약(公約)은 또 공약(空約)이 될 거라는 불신이 앞섰다.

그날, 나는 조용히 광화문 이발관 시대를 다시 열었다.

(2017년 5월)

마스크 대란

2020년 1월 20일, 질병관리본부에서는 국내에서 처음으로 ‘우한 폐렴’ 확진자가 발생했다고 발표했다. 한 달 뒤에는 첫 사망자가 발생했다. 점차 확진자가 늘어나더니 대구에 있는 '신천지’라는 신흥종교단체에서 대거 발생해 2월 29일 하루에만 909명을 기록했다.

이 전염병의 발원지라는 중국에서는 초기에 벌써 8만여 명이 확진되고, 3천 명 넘게 사망했다. 세계보건기구(WHO)에서는 유럽, 아시아, 중동, 미주, 남미까지 급속히 전파됨에 따라 드디어 3월 11일 팬데믹(pendemic, 세계적 대유행)을 선언했다.

중국에 가까운 우리나라는 최초 확진자 발생 이래, 한 달여 만에 8천여 명이 확진되고 70여 명이 사망했다. 일부 외국에서는 우리나라를 위험 국가로 지정하여 우리 국민의 입국을 제한하기도 했다. 정부에서는 우한 폐렴을 '신종 코로나바이러스 감염증(코로나19)'으로 명명하고, WHO에서는 'COVED19'라고 명명했다.

보건당국에서 내놓은 예방책이라는 것이 오직 손 자주 씻기와 마스크 착용뿐이었다. 백신도 없고 치료약도 없었다. 문밖은 보이지도 않는 세균이 득실거리는 것 같아 엘리베이터 버튼을 누르거나 현관 손잡이를 돌리는 것도 께름칙했다. 외출 후 귀가할 때마다 손에 비누칠해서 30초 이상을 골고루 씻으라고 했다. '산토끼 토끼야~'를 안단테로 부르고 나서도 시간이 모자라는 것 같아 '학교 종이 땡땡땡' 까지 불렀다.

문밖을 나설 때 마스크는 생명을 지켜주는 필수품이 되어, 이젠 마스크를 쓰지 않은 사람을 찾아보기 어려운 마스크 공화국이 되었다. 모자라도 눌러쓰면 누가 누군지 분별이 안 되었다.

평소 아파트 엘리베이터 안에서 서로 눈이 마주쳐도 재

빨리 천장으로 눈을 돌려버리는 위층의 젊은이는 마스크를 콧잔등 위로 더 바짝 밀어 올려 썼다. 이제 5천만 국민이 다 마스크가 필요한데 이 마스크를 어찌 감당할지.

당국에서는 65세 이상을 질병에 걸리기 쉬운 '고위험군'으로 분류하고, 고위험군은 외출을 자제하라고 당부했다. 범국민적으로는 사회적 거리 두기 운동을 펼쳤다. 뭉치면 죽고 흩어지면 산다는 구호가 SNS에 떠돌고, 명절을 앞둔 시골 거리에는 '불효자는 옵니다.'라는 플래카드가 나부꼈다.

그러고 보니 내 나이는 고위험군이라기보다 '슈퍼고위험군'인데 처신을 어떻게 해야 할지 막막했다.

염려하던 마스크 대란이 일어났다. 사태 초기, 마스크 생산에 여유가 있다던 정부의 안일한 대응이 대란의 실마리가 되었다. 언론에서는 신랄하게 질타했다. 질병 확산에 대한 예측과 마스크 수요와 공급을 단순 계산만 해도 답이 나오는 것을 비현실적 대처로 사태를 키우고 말았다는 것이다. 이 판국에 마스크를 수출하고 중국에 지원까지 하다니….

마스크를 사려고 주민들이 몇백 미터 줄을 서고, 약국 열군데를 돌아다녀도 한 장을 사지 못해 분통을 터뜨리자,

부랴부랴 내놓은 정책이 '마스크 5부제' 공급이었다.

약국마다 하루 250매가 공급되어 한 사람이 하루에 2매씩 살 수 있도록 한 조치였다. 출생연도 끝자리가 4인 나는 매주 목요일에 살 수 있는데, 한 장 가격은 1,500원이었다. 우리 집 주변에는 약국이 여섯 군데 있다. 해당하는 목교일 아침에 약국을 다 돌아봤더니 각각 출입문에 이런 안내문이 붙어있었다.

A약국: 공적 마스크는 오후 6시부터 공급할 예정입니다.

B약국: 공적 마스크는 오후 3시 전후에 도착할 예정입니다.

C약국: 마스크가 몇 시에 도착할지 모르니 문의하지 마세요.

D약국: 오전 8시 번호표 받고 아무 때나 산다(50명 한정), 오후 6시에 줄 서서 산다(75명 한정).

'코로나19'로 인해 생활 방식이 바뀌었다. 혼밥, 혼술이 유행이라더니 나는 혼자 노는 '혼놀' 신세가 되어버렸다. 동창 모임, 문학회 모임, 주말 당구 모임이 몽땅 취소되고 몇몇 친구끼리 막걸리 한잔하는 것도 못 하게 되었다. 성당 문도 굳게 걸어 잠기고 성가대 활동도 없어졌다.

치료약이 없으니 면역력을 키우는 방법밖에 없어 매일

산책을 시작했다. 새로 조성된 '서울 식물원' 호수공원을 한 바퀴 돌아 한강 변으로 빠져 돌아왔다. 공원으로 가는 인도에는 가끔 오가는 사람을 만날 정도로 한산하다. 인도 양쪽에는 잔디 화단이 있고 가운데 길에는 새 블록이 깔려 있다.

그날 오후도 따뜻한 햇볕을 받으며 천천히 걸어가다가 깜짝 놀라 그 자리에 멈칫 섰다. 길 한가운데에 하얀 마스크가 배를 하늘로 향하고 떨어져 있었다. 마스크는 마치 풀을 먹여 다려놓은 듯 빳빳했다.

누가 이 귀한 마스크를! 순간적으로 빳빳한 마스크가 귀중품이라는 생각이 들었지만, 곧 마스크가 바이러스 덩어리로 보였다. 이 마스크를 어찌하나. 근처에는 쓰레기통이나 버릴만한 곳이 없었다. 쓰레기통이 있다 하더라도 '슈퍼고위험군'인 내가 이 바이러스 덩어리를 손으로 만지는 게 맞나? 결국, 나는 마스크를 피해 도망치듯 현장을 벗어났다.

이튿날 산책 시간에 내가 종량제 봉투와 집게를 들고 나가게 된 것은 수필가 박연구 선생과 '니체' 의 영향이었다. 사실 쓰레기 줍는 걸 가지고 그들까지 들먹일 일은 아니지만, 그 원인은 그날 밤 매원 박연구의 『수필 전집』을 읽으면서 나름대로 깨달은 바 있었기 때문이다. 매원의 수필

'푸른 신호등'에는 이런 대목이 있다.

> 나는 아침마다 약수터 산책하러 나가면서 두 가지 일을 함께 행하고 있다. 약수를 떠 오는 일도 중요하지만 한 가지는 쓰레기를 줍는 일이다. 나는 보수가 없는 환경미화원이지만 이 노릇을 계속할 생각이다.
> 철학자 니체는 '문 앞의 쓰레기를 치우는 것이 애국심의 초보다'라는 말을 남겼다. 날로 공해가 극심해가는 어제오늘이기에 사람들에게 환기시켜주고 싶은 말이기도 하다.

다음날 내가 장갑을 끼고 그곳으로 애국하러 갔을 때 그 마스크는 보이지 않았다. 대신에 길가 잔디밭과 벤치 주변에 널려있는 검은색 마스크, 빨대 꼽힌 음료수 컵, 콜라 캔, 휴지, 과자 봉지, 담배꽁초를 말끔히 주워 봉투에 담았다. 도대체 이 판국에 이런 쓰레기를 아무렇게나 버리는 사람이 누구인지 심기가 편치 않았다.

돌아오는 길목에 있는 '여섯 시 공급' 약국 앞에는 오늘도 마스크를 사려는 사람들 줄이 길게 늘어져 있었다. 애국하는 김에 한 번 더 하기로 했다. 마스크 두 장을 살 수 있는 목요일이지만 양보하기로 했다. 마스크가 절실하게 필요한 '고필요군'이 얼마나 많겠는가? 사회생활을 활발하게 하는 우리 아들딸, 사위, 며느리를 생각하면 내가 줄을 설 일은 아니라는 생각이 들었다. 몇 주만 기다리면 해결되겠지.

약국 앞에 길게 늘어선 대열을 볼 때마다 어쩌다 우리나라가 이 지경이 되었나, 하는 자괴감과 함께 갑자기 후진국으로 곤두박질한 것 같아 맥이 빠졌다. 그래도 차분히 차례를 기다려주는 우리 이웃들이 참 존경스러웠다. 이심전심일까? 늘어선 줄에 나 같은 고령자가 보이지 않는 것도 고마웠다.

물끄러미 서서 약국을 바라보는 내 곁으로 중년 여성 한 분이 마스크 두 개를 만지작거리며 무슨 횡재를 한 듯이 나를 쳐다보며 씩 웃고 지나갔다. 그 웃음의 의미를 나도 알 것 같아 같이 씨~익 웃어주었다.

마스크 대란을 겪은 한 달 후, 5부제가 주효해 안정을 되찾았고 구매할 수 있는 매수도 3장으로 늘어났다.

팬데믹에서 엔데믹까지

코로나19 첫 확진자 발생 후 정부의 예방책은 손 자주 씻기, 마스크 쓰기와 사회적 거리 두기였다. 확진자는 보건당국에서 즉시 격리시설로 격리하고 확진자와 접촉했던 사람도 집에서 꼼짝 못 하게 자가 격리했다. 사람의 폐를 공격한다는 이 죽음의 바이러스에 대한 백신이 언제 나올지, 치료약이 언제 나올지 깜깜하기만 했다.

그러는 동안에 여기저기서 비보가 들려왔다. 아주 건장한 학교 후배가 확진된 지 얼마 되지 않아 사망했는데, 장례식을 치르지도 못하고 시신은 바로 화장장으로 보내졌다.

바이러스 확산방지를 위해 흡습포로 시신을 싸 소독하고, 시신 백에 옮겨 또 소독한 후 화장장으로 간다고 했다. 유가족은 CCTV 화면이나 감염방지용 아크릴판 너머로 임종을 지켜봐야 하는 기막힌 일이 일상으로 벌어졌다. 조문하러 가는 것은 엄두도 못 낼 일이었다.

전염병이 온 세계로 퍼진지 열 달이 넘어서자 미국과 영국 등에서 백신이 개발되었다는 보도가 나왔다. 각국은 재빨리 백신을 확보하는데, 우리 정부는 판단 착오로 일찍 백신을 확보하지 못했다.

언론과 의료계에서는 팬데믹 대응은 과학적으로 전문가의 의견이 존중되어야 하는데, 정치적 판단으로 정책 결정을 하는 바람에 백신 확보에 실패했다며 신랄하게 정부를 비판했다.

몇 달을 기다린 끝에 드디어 반가운 연락이 왔다. 질병관리본부로부터 백신 접종을 하라는 문자였다.

나는 2021년 6월 9일 1차 접종에 이어, 6월 30일 2차 접종까지 했다. 첫 확진자가 발생한 지 1년 반 만이었다. 어쨌든 암울하던 팬데믹 시국에 백신이 나온 데 대해 나는 현대과학은 위대하다고 생각했다. 이젠 안심해도 되겠지,

하며 한숨을 돌렸다.

처음 접종하는 날 오전 10시에 주민센터 앞으로 가니 전세 버스가 대기하고 있었다. 봉사자에게 주민등록증을 보이자 3번이라고 쓰인 번호표 줄을 목에 걸어주며 버스에 타라고 했다.

20분 후에 Y초등학교 운동장에 도착하자 그곳 봉사 요원들이 친절하게 안내했다. 접종하기 전에 예진표를 작성하면 다음 데스크에서 인적사항을 입력하는 등 몇 단계를 거쳤다. 주사를 놓는 의사도 상세하게 설명해 줬다. 접종을 마치면 옆방으로 안내해서 15분간 대기토록 하면서 부작용을 살폈다.

이상이 없음을 확인한 후 다시 버스로 안내해 출발지까지 태워주었다. 그런 일련의 과정에서 어르신들은 글자 한 자 쓰지 않고 봉사자들이 완벽하게 절차를 마치게 해주었다. 고마웠다.

어느 나라에서는 코로나 사망자가 너무 많아 시신을 넓은 주차장에서 그냥 화장처리 한다는 뉴스를 보았고, 선진국도 방역 당국이 우왕좌왕하는 것을 보고 있는 터였기 때문에 더욱 그런 마음이 들었다.

노인들은 고위험군이라 접종 우선 혜택을 받았다. 백신 제품은 네 종류였다. 화이자, 아스트라제네카, 얀센, 모더

나인데, 2차 접종을 마치면 90% 이상의 예방 효과가 있다고 발표했다.

노인들은 가장 부작용이 적다는 화이자 제품으로 접종해 줬다. 동일 날짜 접종률은 영국 66.7%, 이스라엘 64.5%, 미국 54.2%인데 우리나라는 1회 이상 접종한 사람은 전 국민의 29.8%밖에 되지 않았다.

2차 접종까지 마친 우리 친구들은 점차 기지개를 켜기 시작했다. 예방 효과 90%라고 하는지라 가끔 친구들과 만나 막걸리도 마시고 당구도 치러 다녔다. 그러나 이것도 잠시, '델타 변이'라는 무서운 변종 코로나바이러스가 나타난 것이다.

온 나라에 비상이 걸렸다. 학교는 비대면 수업으로, 음식점은 저녁 9시까지 영업, 일행은 4명까지, 심지어 명절에 가족 모임도 4명으로 제한했다. 당시 우리나라 신문에는 이런 기사가 보도되기도 했다.

> 화장장에 코로나19 사망자가 밀려 3일 장이 6일장, 7일장으로 늘어나 유족들은 고통받고 있다. 오동나무 관이 부족해 합판으로 제작된 관을 쓰고 있다. 시신 냉동고가 부족해 실온에 방치하기도 한다.

델타 변이가 극성을 부리자 질병관리본부에서 고령자는 또 3차 접종을 하라고 연락이 와서 12월 10일에 접종을 했다. 6개월 동안에 세 번을 접종한 것이다. 이젠 정말 안심해도 되겠지. 그러나 확진자는 줄어들지 않았고 공공기관에서 운영하는 문화센터도 여전히 문을 열지 않았다. 다만 중증환자나 사망자는 점차 줄어드는 양상을 보였다.

2022년 3년 차에 들어서 델타 변이에 이어 '오미크론' 변종 바이러스가 또 나타났다. 오미크론은 수직으로 확산했다. 처음 확진자 100만 명을 넘는 데 2년이 걸렸는데, 오미크론이 나타난 뒤 200만 명에 도달하는데 단 보름밖에 걸리지 않았고, 다시 일주일 만에 300만 명을 넘어섰다.

3월에 접어들자 하루에 20만 명 안팎으로 감염되고 사망자도 하루 100여 명을 오르내렸다. 누적 사망자도 8천 명을 넘어섰다.

정부에서는 감당이 되지 않는지 내놓는 대책이라는 것이 과연 대책인지 모를 정도로 오락가락했다. 지금까지 잘 해오던 검사, 진단, 치료의 단계가 한꺼번에 붕괴한 것 같았다.

재택치료, 셀프 치료자가 80여만 명이 되고 일일 사망자도 100명을 넘어 각자도생이라는 불만이 터져 나왔다. 3월 3일에는 85만 명 확진에 사망 128명으로 하루 확진자

세계 1위로 전락했다.

정부 방침에 따라 3차 예방 접종 후 4월 28일에 또 4차 접종을 했다. 고위험군에는 화이자 백신을 접종하고 일반인에게는 여타제품을 접종했는데 부작용이 난다고 접종을 피하는 사람이 많았다.

20여 년 전에 간암 수술을 받은 옛 직장 후배는 평소 건강했는데 예방 접종을 한 후, 후유증으로 사망했다. 아까운 후배를 또 이렇게 잃었다. 사망자는 자꾸 늘어났다. 발생 3년 차가 되는 2023년 1월 24일 기준으로 확진자는 3,002만 1,018명, 사망자는 33,245명이라고 발표했다. 3천만 명이 확진되었다고 하지만 전 국민이 다 걸린 것 같았다.

2022년 10월 초였다. 몸살기가 있어 외출을 삼가고 감기몸살약을 먹고 일찍 잠자리에 들었다. 평소 약을 먹고 일어나면 몸이 가벼웠는데 그날은 아침에도 머리가 띵했다. 혹시나 해서 집에 사다 놓은 코로나19 진단키트로 검사를 했더니 빨간 줄 두 줄이 희미하게 보였다. 동네 이비인후과에서 검사했더니 확진되었다며 '진료확인서'를 출력해 주었다.

상기 환자는 양성으로 코로나 확진되어 전문가용 신속항원 검사상 7일간 자택격리 및 자가 치료가 필요합니다.

동시에 관할 보건소에서 스마트폰으로 문자가 왔다.

'감염병예방법에 따라 격리됨을 통보하며 격리 명령 위반 시 1년 이하의 징역 또는 1천만 원 이하의 벌금에 처해질 수 있다.'라는 내용이었다.

일주일 동안 방에 갇혀 처방 약을 먹으며 격리 생활을 했다. 세 끼 식사는 아내가 마스크와 비닐장갑으로 무장하고 밥상을 방문 앞에 놔두면 나는 들여와 먹고 내놓는 식이었다. 아내가 확진되었을 때는 내가 또 그렇게 했다. 두통과 기침이 나긴 했지만 수월하게 고비를 넘길 수 있었던 것은 네 번이나 맞은 백신 덕이라고들 했다.

어쨌든 이 난리 통에 내가 아는 모든 사람은 이 전염병에 안 걸린 사람이 하나도 없었다. 나와 아내, 자식들, 손주들은 물론 형제들의 가족들도 몽땅 다 걸렸다. 백신 접종을 하지 않은 초기에 걸렸더라면 무슨 사달이 났을지 모를 일이었다.

2023년 6월 1일부터 모든 방역 조치가 풀렸다. 7일 격리 의무가 해제되고 대중교통 마스크 의무 해제에 이어 동네

의원, 약국에서 마스크를 쓰지 않아도 되었다. 처음 확진자가 나온 뒤 3년 4개월 만이었다. 그동안 3,135만 1,686명이 확진되었고 3만 4,583명이 사망했다.

이에 앞서 세계보건기구에서는 5월 5일에 국제적 공중보건 비상사태를 해제했다. 공식적인 세계 확진자는 6억 8,700여 명이며, 사망자는 690여만 명으로 집계하고 있으나, 저개발국의 부실한 통계를 감안하면 실제로 사망자는 2,000만 명이 넘을 것이라고 추산 보도했다.

인류의 희망은 전쟁, 기아, 질병으로부터의 해방이다. 질병은 14세기 유럽 인구의 1/3을 쓸어버렸다는 페스트, 20세기에도 수천만 명이 희생된 스페인 독감(1918년 무오년 독감이라고 불렸던 이 병으로 우리나라 국민 742만 명 감염에 14만 명 희생 - 위키백과)을 비롯해 최근 20여 년 동안에도 메르스, 사스, 에볼라에 이어 국경 없는 전염병이 온 지구촌을 위협하고 있다.

앞으로도 새로운 전염병이 인류를 위협할 것이다. 이를 어떻게 극복할 것인가. 이 숙제만이라도 해결한다면 지구촌은 한결 살기 좋은 낙원이 될 것이리라.

3년 반 동안 많은 일이 일어났다. 마스크 대란, 일상이 된

PCR 검사, 드라이브 스루, 비대면 수업, 재택근무, 배달문화, 소상공인 줄도산 등 많은 변화가 일어났다. 제사를 지내지 못하고, 하객 수를 정한 결혼식을 하고, 사회적 거리두기라는 이름으로 한때 네 명 이상 모이지 못하는 이상한 세상에서 살았다. 질병관리본부는 질병관리청으로 승격되었다.

이제 팬데믹에서 엔데믹으로 전환되었다고 해서 코로나19가 완전히 사라진 게 아니다. 여름 무더위 속에 수만 명의 확진자가 발생하고 있고 사망자도 계속 발생하고 있다. 전철에서는 많은 승객이 자발적으로 마스크를 쓴다.

어쨌든 엔데믹에 이르고 보니 그래도 인류는 위대하다는 생각이 든다. 하지만 수많은 사망자의 원혼을 어떻게 달랠지….

희생자들의 명복을 빈다.

매화락(梅花樂)

섬진강 유역에 사는 지인이 벌써 매화가 망울을 터트렸다고 봄소식을 전해 왔다. 봄에 피는 꽃치고 아름답지 않은 꽃이 어디 있으랴마는 매화만큼이랴.

매화 소식이 날아오면 나는 고향으로 내려가 그리 멀지 않은 하동이나 광양으로 달려간다. 섬진강을 따라가노라면 매화 가지마다 봄눈이 분분히 내려앉은 것 같아 눈이 부신다. 매화가 눈 같고 눈도 매화 같다. 매화 속에 들어서면 왠지 가슴이 울렁거린다. 매화의 청초하고 순결한 모습 때문일까.

매일생한불매향(梅一生寒不賣香) - 매화는 한평생을 춥게 살아도 그 향기를 팔지 않는다. 북풍한설에도 굽히지 않는 그 절개가 시인 묵객은 물론 올곧은 선비들에게 매화 예찬을 하게 만든 것 같다.

조선 시대 성리학의 거목인 퇴계 이황 선생의 매화 사랑은 특별났다고 전해온다. 퇴계는 학문적으론 큰 업적을 남겼지만, 부인과 자식 복은 없었던 모양이다. 첫째 부인에 이어 둘째 부인과도 사별하고 아들마저 잃었다.

선생이 단양군수로 있을 때 관기(官妓)인 두향을 만났다. 두향은 시서화(詩書畵)에 뛰어나고 거문고를 타며, 화분에 매화를 심어 기르는 분매(盆梅) 솜씨 또한 뛰어났다. 이로 인해 두 사람은 30년이라는 나이 차이와 신분을 뛰어넘어 연인처럼, 스승과 제자처럼 연분을 나누게 된다.

얼마 되지 않아 선생이 타지로 전근을 하게 되었다. 두 사람은 안타까운 이별의 시를 나누다가 떠나는 날에 두향은 분매 하나를 짐 꾸러미에 넣어주었다. 선생이 70세로 세상을 떠날 때 마지막 당부한 말이 "분매에 물을 주어라" 였다니, 매화 사랑도 사랑이었겠지만 매화와 두향은 하나였지 않았을까 싶다.

후세의 화가는 천 원짜리 지폐 앞면에 퇴계의 초상과 함께 도산서원 지붕에 눈꽃 같은 하얀 매화를 드리워 놓았다. 겹겹이 핀 매화를 드리운 화가의 심중에는 두향도 있지 않았을까.

나도 사군자 중에서 특히 매화를 좋아한다. 유교문화권에서는 매(梅)·난(蘭)·국(菊)·죽(竹)을 높은 덕을 두루 갖춘 이상적인 군자에 비유한다.

수묵으로 사군자를 친지 어언 십 년이 넘었다. 소질이 없는 나는 아직도 겨우 매화 촉 하나 틔울 수 있는 수준에 머물러 있다. 사실 나는 초등학교부터 고등학교 때까지 미술 실기시험에서 좋은 점수를 받아 본 적이 없다. 미술에 관한 한 낙제만 겨우 면했다고 보면 틀림없다.

그에 대한 보상의식이 잠재해 있었던지 나이 들어갈수록 이제라도 그림을 한번 그려보자는 욕구가 강하게 고개를 들었다.

동네 인근에 있는 겸재정선미술관 아카데미의 사군자반에 등록한 게 환갑, 진갑 다 지난 때였다. 나는 자주 인사동을 드나들며 문방사우와 사군자 길라잡이 책을 사들였다. 그러나 습작이라도 작품다운 작품이 한 점도 나오지 않아 지도교수에게 미안할 지경이었다. 그나마 매년 열리는 겸재아카데미전에는 빠지지 않고 출품했다.

붓을 든 지 6년째 되던 해 5월이었다. P미술관에서 '사군자 다시 피우다'라는 전시회 소식을 듣고 달려갔다. 나는 붓을 잡은 이래 사군자 전시회가 열린다는 소식만 들리면 인사동이건 어디건 간에 달려갔다.

간송 문화전을 비롯해 현대 작가들의 전시회도 빼놓지 않았다. '그림은 보는 만큼 보이고, 아는 만큼 보인다.'라는 지도교수의 말을 들어서였다.

강남 테헤란로의 P미술관에 간 그날은 매우 특별했다. 전시된 매죽도(梅竹圖)와 묵난(墨蘭), 묵죽(墨竹), 황국(黃菊)을 한 작품 한 작품 대할 때마다 가슴이 뛰었다. 자세히 감상하면 할수록 작가의 혼과 열망이 나에게 전파되는 것 같았다.

불현듯 나도 새로운 용기가 솟아나고 막연한 자신감도 생겼다. 수많은 생각이 몰려들어 나는 작품 앞을 쉽게 물러설 수 없어 한동안 서 있었다.

내 첫 수필집을 출간할 때도 글을 쓰기 시작한 지 6년 만이었다. 수필 한 작품을 발표한 뒤 갑자기 가슴이 뛰면서 이제 한 권 묶어야겠다는 생각이 번쩍 떠올랐다. 그것은 내 의지와 관계없는 어떤 계시 같은 것이었다.

P미술관에서 가슴이 뛴 것도 이제 그림다운 그림을 그려보라는 신호로 받아들였다. 그때부터 나는 좀 더 사군자에 매진했다. 그 후 두 해 연거푸 겸재미술오름전에 출품

했다. 역시 졸작이라 별 관심을 끌지 못했다. 그로부터 또 두 해 후 D문인화 공모전에 출품해서 입상하고, 그다음 해에는 좀 더 큰 상을 받았다. 붓을 잡은 지 10년이 훌쩍 지난 뒤였다.

매화는 백매(白梅)가 대표적이지만, 분홍 꽃이 수줍게 피는 홍매, 붉은 꽃이 흐드러진 흑매 외에도 청매, 황매 등 특색에 따라 붙여진 이름이 다양하다. 매화 그림은 용틀임한 늙은 등걸과 묵은 가지, 잔가지 등 다양한 선의 변화와 농담의 표현에 묘미가 있다. 나는 주로 백매를 쳤는데 조계산 선암사 홍매를 만난 뒤로는 홍매도 즐겨 치고 있다.

매화 이야기를 하자면 매화산을 빼놓을 수 없다. 매화산은 합천군 가야면에 자리 잡고 있다. 면 소재지 북쪽으로는 거대한 명산 가야산이 우뚝 솟아있고 가야산은 법보종찰 해인사를 품고 있다.

매화산은 해인사의 안산이다. 산 이름만 보고 이곳엔 매화가 만발할 것으로 생각하면 오산이다. 매화산은 산줄기가 매화 가지를 늘어뜨린 것 같고 봉우리마다 솟아있는 바위가 마치 매화꽃망울같이 아름답다고 해서 붙여진 이름이다. 소금강(小金剛)이라고도 불린다.

매화산 남쪽 기슭 해발 305m에는 우리 고향 마을이 있고 그 뒷산 남향받이에는 우리 선대를 모셔놓은 '송림 묘원'이 자리 잡고 있다. 내가 영원히 잠들 곳이기도 하다.

나는 자주 이곳에 온다. 고향 집에 있을 때면 나는 주로 남녘에서 생산하는 매실주를 즐긴다. 시중에 5년 숙성, 10년 숙성한 고급주가 값비싸게 팔리더니 요즘엔 15년산 매실주까지 선을 보였다. 소주같이 독한 술을 즐겨 마시던 나도 어느덧 순하고 향기 그윽한 매실주로 취향이 바뀌었으니 세월의 빠름을 어디에 비유할까.

이젠 숙성의 시절마저 지나가 버린 것 같다. 그래도 다행인 것은 늘그막에 봄이면 매화를 찾아 매향에 취하고, 그리움이 쌓이면 매화주에 취하고, 마음이 어지러우면 화선지 위에 매화를 치며 잡념을 떨쳐 버릴 수 있는 것이다. 이 모든 게 매화 덕분 아니겠는가. 또 때가 되면 매화산에 잠들리니.

오늘도 나는 화선지를 펼쳐놓고 검은 먹물로 하얀 매화를 치고 있다. 붓끝 따라 향긋한 묵향도, 알 수 없는 그리움도 묻어 나온다.

제2부

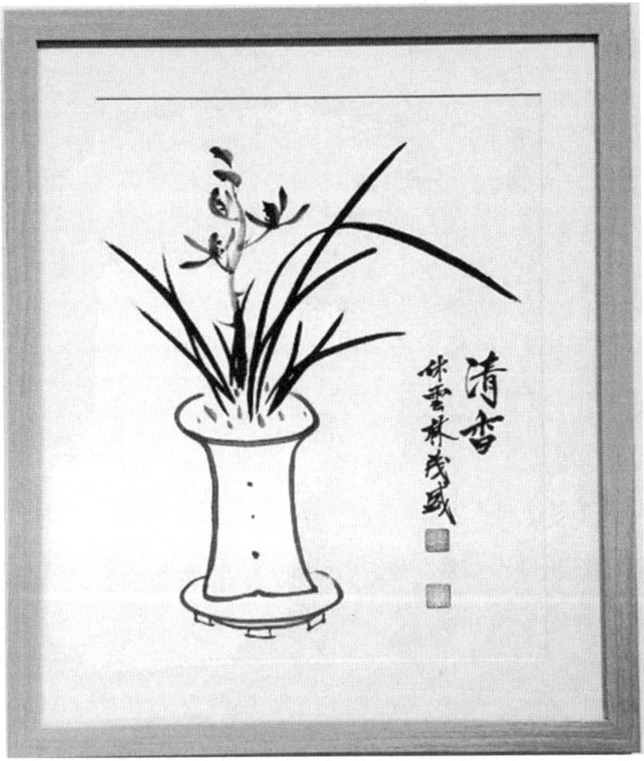
清香

땡삐

부모님은 서울에 뿌리를 내렸음에도 늘 고향에 오두막이라도 한 채 장만하기를 원하셨다. 하지만 형편이 여의치 않아 미루다가 아버지께서 별세하신 후에야 집을 짓게 되었다. 건축비는 아버지 장례에 사용하고 남은 조의금과 우리 5형제가 조금씩 힘을 모아 충당했다.

집을 지었어도 사람이 거주하지 않고 주로 여름휴가나 가을 시제 때에 잠시 거주하다 보니 안팎 여기저기가 빨리 노후 되었다. 올여름에는 장마가 일찍 온다기에 휴가를 앞당겨 집 창틀과 몇 군데를 손보기로 했다.

인부들을 구해 먼저 안방의 낡은 창문틀을 뜯어내다가 깜짝 놀랐다. 창문 아래쪽 벽돌 틈새에서 땡삐가 슬슬 기어 나와 날아가는데, 한두 마리가 아닌 것으로 보아 그 속에 집을 짓고 산 모양이었다.

"이놈들이 제멋대로 집을 지었구먼!"

빨리 기어 나와 날아가게 할 양으로 틈새 주위에 분사용 살충제를 칙칙 뿌려 냄새를 풍겼다. 벽돌 속 벌집이 꽤 넓었는지 족히 오륙십 마리는 더 기어 나오는 것 같았다. 이를 본 인부가 몇 번이나 소리를 질렀다.

"땡삐는 죽여야 합니다. 저놈들한테 쏘이면 큰일 납니다."

나는 그놈들이 땡삐인지 땡벌인지는 몰라도 '죽일 것까지야 있나, 쫓으면 되지'라며 계속 구멍 주변에만 살충제를 뿌렸다. 한참 지나서야 이놈들이 모두 날아갔고, 곧 시작된 작업으로 벌집 구멍은 흔적도 없이 사라졌다.

그런데 멀리 달아난 줄 알았던 놈들이 몇 시간 후에 다시 날아와 없어진 집 주위를 웽웽거리며 맴돌았다. 창문은 현관으로 들어가는 입구에 있어 나는 출입할 때마다 이리저리 피하며 팔을 휘휘 저어야 했다.

"집이 없어진 것을 알아차리면 다시는 찾아오지 않겠지…."

나는 참고 기다리기로 했다. 그것은 나의 오판이었다. 다음날 조금 늦은 아침에 현관문을 열었더니 엄청난 숫자의 벌떼가 몰려와 사라진 집 주위에서 웽웽거리고 있었다. 어제 기어 나온 숫자보다 배는 많아 보였다. 어디서 이 많은 벌이 몰려 왔을까? 없어진 집을 당장이라도 내놓으라고 떼를 쓰는 듯했다.

'남의 땅에 맘대로 집을 지어놓고 제 땅이라고 우기는 꼴이 아닌가. 거기다가 지원병까지 끌고 오다니!'

벌은 영물이라고 생각했는데 하는 짓을 보니 아니었다. 더군다나 이놈들은 꿀벌처럼 열심히 일하지도 않으면서 오히려 꿀을 훔치려고 꿀벌을 물어 죽이는 못된 족속이라는 말을 들은 터라 더 괘씸한 생각이 들었다. 요절을 내려다가 그래도 또 하루만 더 기다려 보기로 했다.

그러나 다음 날 아침에도 달라질 기미가 전혀 보이지 않았다. '땡'자 값을 하려는 것 같았다. 내가 벌에 쏘이는 것도 문제지만 며칠 후 서울에서 내려올 아이들이 쏘이면 큰일이었다. 적반하장도 유분수지, 인내에도 한계가 있다.

다음 날 아침에 또 떼로 날아오는 놈들에게 살충제를 무차별 방사했다. 기세등등하던 놈들은 떨어져 죽거나 멀리 도망쳤다. 그 후 땡삐의 숫자는 급격히 줄었으나 내가 머무는 동안 몇 마리는 계속 현관 주위를 맴돌았다.

고향은 내가 태어나지도, 성장하지도 않은 곳이지만 이 작은 고향 집에 머물러 있으면 몸과 마음이 편안하다. 심심하면 햇살 멀어진 오후에 집 뒷산 선산에 올라가 부모님과 조상님들 산소 봉분의 풀을 뽑는다. 선산은 하늘과 땅을 잇는 성지 같고 저승과 이승의 만남의 장소 같아 홀로 앉아있어도 외롭지 않아 좋다.

앞산 저 멀리에는 문필봉(文筆峰)이 뾰족 솟아있다. 문필봉의 기운이 이곳 선산까지 이어져 우리 자식들이 각 분야에서 제 몫을 다해주기를 기도하고 일어선다. 동네로 돌아오는 길섶에 삐져나온 찔레 가지를 낫으로 치며 노송으로 둘러싸인 당산을 지나 비탈길을 내려온다. 가끔 껑충한 고라니를 만나 눈싸움을 하던 길이다.

길 가 꽃송이마다 벌들이 웽웽거린다. 갑자기 이런 생각이 들었다. 그렇지, 벌이 이런 데서 살면 얼마나 좋아! 우리 집 땡삐는 왜 하필 사람이 사는 위험한 곳에 집을 지었을까?

집 주위에는 울창한 대나무 숲이 있고 온갖 수목과 바위틈이 있어 벌집 짓기에 안성맞춤인 곳이 즐비한데. 혹시 우리가 집을 짓기 이전에 집터 어디엔가 놈들의 옛집이 있었던 것은 아닐까. 우리 집터도 애초에는 일부 산비탈을 깎아 조성했다.

수구초심(首丘初心)이 만물의 영장에게만 있는 것이 아니라면, 동물의 귀소성(歸巢性)이나 물고기의 회귀성(回歸性)도 역시 고향을 그리는 본능과 같은 것이리라. '수구초심'도 여우가 죽을 때 머리를 제가 살던 굴 쪽으로 두고 죽는다고 하는 이야기에서 유래된 게 아닌가.

아뿔싸! 죽이지 말고 마당 구석 작은 바위 앞에 벌통을 하나 만들어 놓고 꿀을 발라 유도해 그 벌집에서 살게 할 걸, 하는 후회가 들었다. 나는 그 후부터 벌이 날아오면 살충제를 현관 주위에 뿌려 냄새만 풍기게 했다.

그 이듬해 여름휴가 때 고향 집에 내려갔을 때도 땡삐 몇 마리는 계속 현관 주변에 나타났다가 사라지고 또 나타났다 사라지곤 했다. 작년에 한바탕 치렀던 전쟁에서 살아남은 놈들인지, 새로 깨어난 새끼들인지는 알 수 없었다.

언제까지일지 모르지만, 나는 매년 여름이 되면 고향 집에서 머무를 것이고, 그때마다 땡삐도 계속 만날 것 같다.

진품명품

옛날에 쓰던 큰 장독이나 김칫독을 도시에서 계속 간수하기란 여간 힘든 게 아니다. 그런데도 어머니는 아파트에 살면서도 그 큰 독들을 이사할 때마다 모두 끌고 다녔다. 웬만한 건 버리자고 해도 소용없었다.

김치광에 묻었던 큰 독들은 아파트 베란다에 놓을 수 없어 관리사무소의 허락을 받아 옥상에 올려놓고 가끔 올라가 반들반들하게 닦아놓았다. 어머니가 아주 연로하신 후에는 이를 그대로 둬서는 안 되겠다 싶어 간신히 어머니의 승낙을 받아 이삿짐 차를 대절해서, 천 리 먼길의 고향 집

옥상에 올려다 놓았다.

고향 집에도 아직 장독대를 만들지 않아 옥상에 올려놓은 것이다. 그리고 이듬해에 어머니는 세상을 떠나셨다.

십여 년이 지난 올여름에, 고향 집 옥상 방수 공사를 하느라고 그 장독들을 내리다가 새삼 눈에 익은 옹기를 발견했다. 떡시루와 약탕기다. 얇고 작은 잿빛 질시루는 좀 세게 건드리기만 해도 깨질 것 같이 연약하게 보였고, 제법 크고 툭진 약탕기는 내던져도 끄떡없을 것 같았다. 이것들은 어머니가 생전에 그토록 오랫동안 아껴 쓰시던 옹기들이다.

이 떡시루는 6·25전쟁 당시 천 리 길인 이곳 고향으로 피난해 초근목피로 연명하던 시절, 면 소재지 장터에 오일장이 서는 날이면 어머니가 비가 오나 눈이 오나 머리에 이고 가 떡을 팔아 가족의 생계를 유지하던 것이었다.

전쟁이 끝나 다시 서울에 올라왔을 때도 폐허가 된 도시에서 이 시루에 콩나물을 길러 팔았다. 또 때로는 이웃집에 잔치가 있으면 시루떡을 쪄서 부조하기도 했었다. 떡을 찌는 날이면 나는 부엌 앞을 얼씬거리며 한 조각 얻어먹으려 했으나 떡고물도 얻어먹지 못해 서운해했다.

잔칫집에 시루째로 부조하기 때문이었다. 대신 시루와

무쇠솥 사이에 김이 새나가지 못하도록 붙인 맛도 없는 시룻번을 뜯어먹는 것으로 만족해야 했다.

약탕기는 조부님이 드실 약을 가장 많이 달였었다. 조부님은 노환으로 몇 년 동안 병석에서 고생하셨다. 어머니는 첩약을 지어와 달이기도 하고, 한약을 살 형편이 안 되면 좋다는 민간 약재를 구해다가 감초와 대추를 넣고 달였다.

약은 정성이 들어가야 한다며 약탕기를 숯불 풍로 위에 얹어놓고 아래 구멍에 부채를 부쳐 불의 강약을 조절했다. 가끔은 나에게도 풍로 불 앞에 앉아 약이 타지 않게 지키라고 했다. 나는 뻔히 풍로 옆에 있으면서도 약을 태워 혼이 나기도 했다. 약탕기 위에 종이가 덮여 있어 타는 냄새가 나야 타는 줄 알았기 때문이다.

나는 형제 중에 몸이 약한 편에 들었다. 어쩐 일인지 밥을 한 끼만 안 먹어도 힘이 없어 축 늘어지곤 했다. 밥 먹는 속도도 유난히 느려서 열 식구가 한꺼번에 식사할 때 고기라도 있으면 내가 두세 점만 집어 먹으면 벌써 다 없어졌다. 그래서 어머니는 고기를 먹는 날이면 나만 조부님과 겸상을 하게 했다.

초등학교 여름방학 한더위에 나는 무슨 병에 걸렸는지 방에 누워 천장만 바라보며 끙끙 앓고 있었다. 어머니는 약탕기를 상에 얹어 들어오셔서 약이라며 하얀 쌀밥과 함께 어서 먹으라고 했다.

가만히 보니 약 병아리 한 마리를 푹 곤 백숙이었다. 칠 남매, 열 식구의 입이 무서워 아예 약탕기에 끓인 것 같았다. 나는 그때처럼 약을 맛있게 먹었던 적이 없다. 그리고 정말 약효가 빨라 생생하게 일어났던 기억이 있다.

칠십여 년을 우리 가족과 함께했던 떡시루와 약탕기! 어머니는 이제 이승을 떠나셨지만, 그 손때 묻은 분신들은 이렇게 남아 있다. 톡 치면 깨질 것 같은 떡시루, 어쩌면 연약하면서도 세상에서 가장 억센 여인으로 살았던 어머니를 그렇게 닮았을까? 떡시루 위쪽 둘레는 두 겹의 철사로 꽉 조여 놓았는데, 그 철사조차도 세월을 이기지 못하는지 이젠 벌겋게 녹물을 토해내고 있다. 번들거리는 약탕기는 불사조처럼 어디 한군데 입은 상처가 없다.

약탕기는 요즘도 가끔 사용하고 있다. 올여름에는 상황버섯을 달여 먹었다. 보기만 해도 연약해 보이는 떡시루는 다칠세라 어머니 유품 칸으로 옮겨 놓았다.

시골집에 놀러 온 친구가 떡시루와 약탕기를 이리저리 살펴보면서 물었다.

"이거 TV 진품명품에 내보낼 건가?"

"응 우리 증손자, 고손자 때쯤…."

진품명품은 그것만 있는 것이 아니다. 어머니가 쓰시던 다듬잇돌과 방망이, 작은 막대기에 옥수수자루를 끼워놓은 등 긁기, 반쪽은 달아버린 놋 주걱, 그리고 뒤 굽이 반쯤 달은 고무신도 있다. 이 유물이 진짜 진품이요 명품이 아닐까.

그만하면 다행이다

어머니는 생존 시에 걸핏하면 '만냉'을 연발하셨다. "그것참 만냉이네, 참 만냉이야!" 텔레비전 뉴스를 볼 때나, 연속극을 볼 때도 그러셨다. 그 뜻을 나름대로 풀이해보면 만냉은 '만행'의 사투리이며, 만행은 '천만다행'의 줄임말이지 싶다.

그렇게 보면, 어머니의 시대는 줄곧 만냉의 시대였던 것 같다. 3·1 독립운동 3년 전인 1916년에 태어나셔서 93년을 사시는 동안 얼마나 많은 만냉을 겪으셨으랴.

세월은 그렇다 치더라도 칠 남매를 키우면서는 더욱 그

러셨을 터이다. 6·25전쟁 피난길에서 일곱 살짜리 아들이 허벅지에 총을 맞고도 살아나고, 어린 아기가 마루에서 모깃불 더미에 떨어져도 살아났기에, 어머니의 만냉은 안도의 한숨 그 이상인 감사의 기도였을는지도 모른다.

시집간 딸이 몹쓸 병에 걸려 사경을 헤맬 때는 명주실 같은 희망을 붙들고 어머니는 만냉을 외쳤으나, 결국 딸은 어머니의 만냉을 외면했다. 이때의 만냉은 만냉이기를 갈구하는 간절한 기도였을 것이다.

나도 이제 사위와 자부를 보고, 손주들이 생겼다. 옛날이나 지금이나 뭐 그리 세상이 확 바뀌었을까마는 요즘 세상이 왜 더 험하고 아슬아슬하게 느껴지는지 모르겠다.

그래서인지, 자식들에게 일어나는 웬만한 사고나, 손주들이 넘어져 무르팍이 깨져도 나는 '그만하면 다행이다'를 연발한다.

사실 이젠, 그 말 이상 해줄 말도 별로 없다. 그러니 '그만하면 다행이다'라는 말은 안도의 한숨이자, '그만하면 다행이다'라는 말 이상의 일이 일어나지 않기를 바라는 간절한 기도이기도 하다.

어머니의 '만냉'이 칠 남매를 위한 기도였듯이 말이다.

시인 아지매

뙤약볕은 고추밭에 불을 지필 듯이 이글거린다. 옆집 친척 아지매는 이에 아랑곳하지 않고 마을 초입에 있는 고추밭에서 호미로 김을 매고 호스로 물을 뿌린다. 고춧대는 아지매가 허리를 구부리면 보이지 않을 정도로 훌쩍 자랐다. 키가 너무 커도 고추가 적게 열린다는데….

조카뻘 되는 내가 걱정을 하며 '아지매, 좀 쉬엄쉬엄 하이소.'라고 소리를 질러도 소용없다. 그냥 적당히 농사를 지으면 지신(地神)이 노하기라도 하는지, 듣는 척 마는 척 씩 웃고는 다시 김을 맨다.

나는 일 년에 서너 번 고향 집에 내려와 머문다. 여느 해처럼 여름 한 달을 매화산 기슭 고향 집에서 머무는 중이다. 올봄에는 일주일 동안 머물면서 마당 끝 손바닥만 한 텃밭도 일궜다.

초봄까지도 내버려 둔 밭이라 텃밭은 풀밭이었다. 말라버린 키 큰 까마중이나 안개 꽃대는 손으로 뽑고 밭에 달라붙은 잡초는 곡괭이로 파냈는데, 곡괭이질을 몇 번만 해도 허리가 끊어질 듯했다.

토마토나 가지를 심어 놓으면 여름에 몇 개라도 따 먹을 수 있어 모종을 사 와서 심으려는 작업이었다. 언제 오셨는지 아지매가 내 어설픈 곡괭이질을 물끄러미 바라보며 한마디 하셨다.

"조카, 힘들제? 이제 밭이 참 좋아하겠네…."

엉거주춤 허리를 펴며 '네'라고 대답은 했지만, 그 뜻을 얼핏 알아차리지 못했다. 곡괭이질을 하면서 곰곰이 생각해보니 아지매의 말을 알 듯했다.

온통 풀밭이 된 텃밭을 바라보며 애가 타셨던 모양이다. 팔십 평생을 땅과 함께 살아온 아지매가 생각하는 밭은 그냥 밭이 아니라 사람이 꼭 가꾸어야 하는 생명체와 같은 것이었으리라.

아지매는 일주일에 한 번씩 옷을 차려입고, 두어 시간마다 오가는 마을버스를 타고 면 소재지에 한글을 배우러 다니신다. 재작년에 무릎 수술을 해서 다리가 불편한데도 빠지지 않는다.

아들딸들이 모두 도회지에서 훌륭하게 일가를 이루어 잘살고 있기에, 이제 아지매는 늘그막이지만 평생 가슴속에 품고 있던 면학의 꿈을 이루고 싶었던 것 같다. 특별한 날이 아니고는 꼭 한글 교실에 출석한다.

어느 날 점심때 나는 아지매 집에 국수를 한 그릇 얻어먹으러 들어갔다가 깜짝 놀랐다. 아지매의 '자작 시' 액자가 거실에 걸려있었다. 문법이 틀리고 사투리도 많지만, 내면의 회한을 진솔하게 드러낸 시였다.

누가 그렸는지 시의 배경 그림은 불그스름한 색으로 흐릿하게 처리한, 잎은 다 지고 가지만 몇 개 남아 꽤 쓸쓸해 보이는 고목이었다.

시라고 이름도 모르는데

한OO

세월은 잘도간다
어제는 소녀이였는데 오늘은 백발이다

스글프고 가스럽다
세월도 빠르다
언제 내 나이가 팔십이 되었을까
시라고 이름도 모르는데
이제는 내 나이가 몇인지도
모르게꼬 이름도 내일이면
모를 것 같다

"잘 쓰지도 몬했는데 성인문해시화전에서 군수님으로부터 장려상을 받아 참 미안시럽더라꼬."

아지매는 미안스럽다는 말을 연발하면서도, 이게 다 가야황산교실 박 선생님에게 글을 배운 덕분이라며 표정은 싱글벙글했다.

나도 한때 시를 쓰려고 했다. '창작시 교실'에 등록을 하고 지도교수로부터 강의를 들었다. 요즘 시는 옛날 학창시절에 줄줄이 외우던 시와는 판이했다. 현대 시를 '난해 시'라고도 하긴 하지만, 어떤 시는 해독하기 어려운 암호라는 생각이 들기까지 했다.

언젠가 일간신문에 실린 시와 평을 읽다가 신문을 내동댕이쳤다. 해와 달을 보며 쓴 몇 줄 안 되는 시에, 평은 그 몇 배나 붙었다. 그 평이 나로서는 도저히 이해할 수 없는,

민주주의가 어떻고 시장경제가 어떻고 하는 평이었다. 내가 어느 시인을 붙잡고 이런 시에 대한 비판을 마구 해댔더니 그는 반드시 그런 것은 아니라고 했다.

"시는 존재의 명확성을 드러내지 않는다. 시뿐만 아니라 문학작품은 어떤 의미를 직접 노출하기보다는 간접적이거나 비유법으로 전달하는 경우가 대부분이지 않은가?"

그래도 나는 난해한 시에 반감이 들어 시 공부를 때려치워버렸다. 그러나 가슴 한구석에서는 여전히 시의 세계를 동경하며 나름대로 시를 쓰던 중에 아지매의 시를 보게 된 것이다. 그래, 이렇게 삐뚤삐뚤한 글씨로 내면을 솔직히 들어낸 시가 진짜지. 그 시는 그 어떤 시보다 감동적이었다.

요즘 여기저기서 늦게나마 한글을 깨친 팔십 대 할머니들이 진솔한 시를 쓰고 있다. 팔십여 년 전 가난한 농촌에서 태어나 오빠, 남동생 그늘에 가려 학교 문턱도 넘지 못했던 할머니들이 문해교실에서 까막눈을 뜬 덕분이다.

이를 소재로 다큐멘터리 영화도 제작되었다. 전라남도 곡성의 《시인 할매》, 경상북도 칠곡의 《칠곡 가시나들》에 소개된 순수한 시들도 감동적이다.

어베는 나를 낳고 '또 딸이네' / 윗목에 밀어두고 울었다 / 나마저 너를 미워하면 세상이 너를 미워하겠지 / 질긴 숨 붙어 있는 핏덩이 같은 / 나를 안아 들고 또 울었다….

(곡성 안기임, '어쩌다 세상에 와서' 중에서)

죽었든 풀잎도 봄이 오면 다시 살아온디 / 당신은 왜 못 올까.

(곡성 박점례, '서럽다')

빨리 죽어야 데는데 십게 죽지도 아나고 참 죽겐네 / 몸이 아푸마 빨리 주거여지 시푸고 / 재매끼 놀 때는 좀 사라야지 시푸다 / 내 마음이 이래 와따가따한다.

(칠곡 박금분, '내 마음')

한 시대의 아픔을 견뎌낸 할머니들이 이제나마 글을 배워 시를 쓰며 여생을 보내는 모습이 아름답다. 몇 줄의 시가 그 시대를 대변해주는 것 같다. 어떤 장황한 서사가 더 필요할까.

"이제 밭이 참 좋아하겠네."

자연스럽게 시적 표현을 하던 우리 아지매도 올해는 또 어떤 감동의 시를 선보일지 궁금하다. 아지매의 시가 고추밭의 고추처럼 빨갛게 익어갔으면 좋겠다.

아버지의 표창장

아버지의 유품 중에 소중히 보관하고 있는 것이 있다. 서울특별시장 표창장이다. 요즘 표창장 규격보다 두 배나 크고 둘레에는 봉황과 무궁화 무늬가 박혀있는 옛날식 표창장이다.

공무원도 아니고 동네 통장을 하다가 받은 표창장을 뭐 그리 소중히 여기느냐는 소리도 들은 적 있지만 나는 개의치 않는다.

이 낡고 빛바랜 표창장은 아버지가 한 시대, 이 세상에 건재했다는 역사적 사실의 증명서이기도 하려니와 주민을 위해 봉사한 발자취이기 때문에 나는 표창장 이상의 의미를 두고 있다.

표창장

동대문구 이문동 5통

임은섭

귀하는 본시 말단행정의 통장의 중책을 담당하여 시행정에 기여한바 지대하며 국민반 운영에 헌신 노력하여 그 공적이 현저함으로 자에 표창함.

단기 4291년 12월 30일

서울특별시장 허 정

단기 4291년이면 서기 1958년이다. 1958년은 6·25 전쟁이 끝난 지 5년밖에 안 되는 혼란기이고 국민이 헐벗고 궁핍하던 시절이다.

표창 내용에 명시한 '국민반'이란 1957년 각 동에 자치체의 하나로 형성한 말단 단위이다. 민관 소통을 위해 매월 1일 반상회를 열었다. 내가 중학교에 막 입학했던 해라 대충 기억하는데 통 · 반장의 일도 많았다.

아버지는 집 앞 공장에서 일하느라 통반장 일을 맡을 만큼 한가하지 않았는데도 오랫동안 맡았다. 따라서 우리 형제들의 심부름이 만만치 않았다. 집에 전화기가 대부분 없던 시대라 동사무소에서 보내는 공문이나 고지서는 물론 연락 사항이 있으면 집집이 찾아다니며 전달해야 했다.

우리가 학교 가고 없을 때 급한 연락 사항이 있으면 할아버지가 직접 동네를 돌았으니 우리 가족 모두가 통반장의 일을 한 셈이다. 어쨌든 아버지는 그 일을 싫다 하지 않고 오랫동안 불평 없이 맡으셨는데, 어찌 보면 열심히 생업에 종사하며 봉사하던 그 시절이 40대 아버지의 전성시대였는지도 모를 일이다.

허정 서울특별시장은 3·1 독립운동과 임시정부에 참여한 정치인으로 1960년 4·19혁명 후 대통령 권한대행으로 과도내각을 이끌던 분이다.

나도 코로나19 팬데믹 직전에 고향 가천리 이장으로부터 감사패를 받은 적이 있다. 대부분 서울에서 생활하는 내가 고향 마을을 위해 무슨 공적을 쌓았겠는가마는, 세 동네 주민의 정성이 담긴 감사패라 소중하게 보관하고 있다.

가천리는 지모, 더내, 덕방 등 세 마을로 이루어져 있다. 가천리 주민들은 매년 봄 농번기가 오기 전에 야유회를 가는 전통이 있다. 관광버스를 전세해 멀리 바닷가로 떠난다.

합천 산골이다 보니 주로 사천, 진해, 여수 등 바닷가 도시로 가서 유람선을 타고, 싱싱한 생선회도 먹고 온다. 전에는 버스 두 대를 전세했었는데 이젠 주민이 점점 줄어들어 한 대로도 충분하다.

십여 년 전에 처음 나도 한번 따라가 보니 이 여행만큼 주민의 애환을 달래 주고 단합을 이루는 아름다운 전통은 없을 성싶었다. 이 전통을 생생하게 기록해 두어야겠다고 마음먹었다.

마을에는 과거 야유회를 다녀온 기록이 전혀 없다. 아주머니들이 고운 한복을 차려입고 노인들이 갓을 쓰고 유람 갔었다는데 그때 사진이 지금 남아 있다면 얼마나 좋을까. 다음 해부터는 출발부터 귀가할 때까지의 개요를 정리하고 여러 장면을 카메라에 담았다.

그리고 똑같은 앨범 세 권을 만들어 동네마다 선물한 이래 그 일을 매년 계속하고 있다. 주민들이 수시로 앨범을 펼치며 옛날을 추억하고, 먼 훗날 객지에 나간 후손들이 앨범에서 할아버지 할머니를 발견하면 더욱 애향심을 가질 것이라는 기대도 해보면서…….

어쨌든 야유회 가던 날 출발에 앞서 마을회관에서 이장으로부터 주민 일동 명의의 감사패와 쌀 두 말을 부상으로 받았으니 얼마나 감사할 일인가.

내가 아버지의 표창장을 정성스럽게 보관하고 있는 것은 우리 선조들의 흔적이 오직 족보와 비석밖에 없기 때문이다. 그런 아쉬움이 있어 아버지의 장례를 모시기 전에 나는 아버지 유품을 별도로 잘 모아 놓았었다.

그런데 장례를 모시고 와보니 집에 머물던 친척이 돌아가신 분의 물건을 없애버린다고 몽땅 쓰레기 봉지에 담아버린 것이다. 남아 있는 것이라고는 사진과 동네 경로당 건립에 기여한 공로로 받은 감사패와 친필 건의문, 그리고 이 표창장뿐이다.

그런 교훈이 있어 어머니 별세 후에는 어머니가 사용하시던 소소한 일용품까지 그대로 잘 보관하고 있다. 다듬잇돌과 방망이, 옥수수 등 긁기, 지팡이, 닳아빠진 놋쇠 주걱,

떡시루, 고무신 등 어머니의 진품명품은 그런대로 많이 남아 있다.

세월이 흘러 내 나이 벌써 생전의 아버지 연세를 넘어섰다. 내 자식들도 훗날 할아버지가 받은 시장 표창장이나, 내가 가천리 주민들로부터 받은 감사패를 바라보며 자랑스러워하리라 믿어본다.

잠충이의 반전

시골 마을회관에 걸어놓은 스피커 소리는 귀청을 찢을 듯 크고 날카롭다.

'아니, 주민들이 귀가 먹은 것도 아닌데 왜 저렇게 크게 틀어? 놀라 죽겠네.'

혼잣말로 불평을 쏟아낸다. 군청 재난대책본부에서 알리는 방송내용은 오늘 11시를 기해 폭염 경보가 발령되었으니 노약자나 어린이는 야외 활동을 삼가고, 들에 나가 일하시는 농민들은 일을 멈추고 쉬라는 내용이다.

들에 나가 일하는 사람들도 들으라고 하는 방송이니 그

릴 것이라고 이해한다. 군청의 방송 네트워크가 농촌 마을마다 거미줄처럼 연결된 것이 신기하기도 하고 안도감도 든다.

여름 한나절에 거실 소파에 홀로 앉아 책을 읽다가 꾸벅꾸벅 졸라 치면 꼭 마을회관 스피커 소리에 놀라 깬다. 한번 깨면 잠이 달아나버릴 만도 하건만 천만의 말씀이다. 아예 누워서 읽어도 몇 쪽 못 읽어 책이 옆으로 툭 떨어진다. 다시 집어 든다.

이번엔 책을 옆으로 밀어놓고 한숨 자고 나서 다시 책을 펼쳐 든다. 또 툭 떨어진다.

잠에 대해서 나는 유감이 많다. 젊었을 때 잠을 이길 수만 있었다면 아마 내 인생이 달라졌으리라고 생각한 적이 한두 번이 아니다. 중고등학교 시험 때에도 친구들은 새벽까지 공부하는데, 나는 새벽은커녕 밤 열 시만 넘으면 벌써 하품이 나오고 눈꺼풀이 내려와 자정을 넘긴 적이 없다.

커피를 마시면 잠이 오지 않는다고 해서 좋아하지도 않는 커피를 두 석 잔씩 마셔 보았지만, 효과가 없었고, 심지어 '카페나'라고 하는 잠 안 오는 약을 먹어도 소용없었다. 친구들이 나에게 특이체질이라고 할 정도로 잠에 관한 한

백약이 무효였다.

대학시험이나 취직시험을 앞두고도 새벽까지 공부한 적은 한 번도 없다. 요즘 입시생들의 4당5락 소리를 들으면 나는 그때마다 내가 요즘 젊은 세대가 아니길 천만다행이라고 안도한다.

잠을 많이 자는 것도 천성인가보다. 나는 어머니로부터 '잠충이'였다는 말을 여러 번 들었다. 젖먹이 때는 젖만 먹여 떼어놓으면 몇 시간이고 푹 자기 때문에 다른 형제들보다 키우기가 수월했다고 한다.

두세 살 때도 여름에 마루에 눕혀놓으면 세상모르게 자서 일하기 좋았는데, 마루에서 굴러떨어지지 않는 한 잤다고 한다. 특별한 것은 그렇게 마루에서 수없이 떨어졌는데도 신통하게 한 번도 다치지 않았다고 한다. 소년기에도 잠이 들었다 하면 누가 업어 가도 모를 정도로 잠충이였다.

세 살 적 버릇이 여든까지 간다는 말이 그래서 나왔나보다. 총각 시절 나는 친구들이 이성 문제로 고민해 잠을 이루지 못한다거나, 매일 하얗게 밤을 지새운다는 말을 들으면, '고민은 고민이고 잠은 잠이지 하얗게 새우기는?' 하며 이해를 하지 못했다.

잠이 많아 공부하는 데는 지장이 많았지만, 항상 손해만

본 것은 아니다. 중고등학교 시절에는 어려운 가정형편으로 인해 남들처럼 제대로 먹지를 못했는데도, 키순으로 매긴 학급 번호가 항상 60번을 넘어 뒷자리에 앉았다.

아무리 생각해봐도 그것은 잠 잘 잔 덕분인 것 같았다.

내가 또 덕을 본 것은 직장생활을 할 때, 무슨 어려운 일이 닥쳐 아무리 고민을 해도 풀리지 않을 경우, 나는 잠시 고민을 접어두고 우선 잠부터 푹 잤다. 일하는 낮 시간대라고 할지라도 적당한 장소에서 한잠 자고 생각했다. 그런 후면 이상스러울 정도로 묘안이 나오든지, 그 사이에 문제가 풀려버리든지 했다.

사실 지난 일이니까 그렇지, 시험공부 할 때는 잠 안 자고도 끄떡없이 공부하는 친구들이 몹시 부러웠다. 특히 평소에 판판이 놀다가 시험 전날 벼락공부를 할 때는 더욱 그랬다.

당시 그렇게 잠 없는 친구들을 부러워하던 내가 요즘은 오히려 그들로부터 부러움을 사고 있으니 이 또한 아이러니가 아닐는지. 친구들 이야기를 들어보면 꽤 많은 친구가 새벽 서너 시에 일어나 집 근처 야산을 오른다고 한다. 그때마다 내가 한마디씩 한다.

"이 친구야, 그 시간에 잠 안 자고 무슨 등산인가? 자네는 옛날 초등학교 자연 시간에 배운 탄소동화 작용이 무엇인지 기억하지도 못하나?”

그 친구들은 오히려 나에게 되묻는다.

“자네는 이 나이에도 새벽에 잠이 잘 오나?”

사정을 들어보면 잠 안 오는 것도 괴롭고, 새벽부터 깨는 것도 괴롭단다.

나는 직장에 다닐 때 아침 기상 시간을 여섯 시에 맞추어놓고, 꼭 그 시간에 일어나 모든 준비를 끝내고, 일곱 시 이전에 집을 나섰다. 퇴직 후에도 그 습관을 유지하려고 출근을 안 할지언정, 일단 여섯 시에 알람시계 소리에 맞춰 눈을 뜨고 TV를 틀어 밤사이 일어난 뉴스를 누운 채로 듣는다.

뉴스를 들으면서 다시 자연스럽게 잠이 들어 대략 십 분쯤 지나 다시 깨면 몸과 마음이 아주 상쾌하다. 그 시간엔 꿈도 주로 용꿈이나 돼지꿈을 꾼다. 용꿈을 꾸면 나는 좋은 일이 일어난다.

1980년대 초 셋방을 살던 시절이었다. 그 당시에는 서울지역의 아파트 당첨이 곧 복권당첨이나 된 것 같을 때였다. 아내와 둘이서 물색해 놓은 분양아파트가 있었는데 신청자들이 몰려 그 경쟁률이 어마어마했다.

전에도 인기 있는 아파트를 신청해 떨어진 경력이 있어 아예 이번엔 포기했다. 그런데 출근해서 일하던 중 갑자기 새벽에 꾼 꿈 생각이 났다. 아침에 자리에서 눈을 뜨고 있다가 깜박 다시 잠이 들었는데, 어마어마하게 큰 청룡이 푸른 하늘로 올라가는 꿈이었다.

바로 집에 전화를 걸어 아내에게 무조건 청약을 하라고 했다. 아니나 다를까, 50대 1에 당첨되었다. 현재 사는 집도 그 집이 초석이 된 셈이다. 그러니 그 당시 당첨이나 오늘의 집 장만도 다 나의 잠 덕분이 아니겠는가!

혹자는 잠을 자는 시간은 무의미 한 시간이며, 그만큼 이 세상에서 짧게 사는 것이라고 하는데, 나는 그렇게 생각하지 않는다. 특히, 아침 그 짧은 시간의 잠 맛을 한번 보면 그런 소리는 쏙 들어가리라고 믿는다. 또 깨어있는 시간만 살아있는 시간으로 계산한다면 나는 동년배들보다 훨씬 덜 살았을 테니 더 오래 살 것이라는 계산도 나온다.

어쨌든 나처럼 만사 제쳐 놓고 잠을 잘 잔 사람은 나이 들어서도 잠을 푹 잘 것이고, 머리 좋고 밤새워 공부한 사람은 그것이 습관화되어 꼭두새벽에 깨는 것이 아닐는지.

좀 역설적이기는 하지만, 이런 것을 두고 자업자득이라고 해야 하나, 뭐라고 해야 하나?

대장경 천년 세계문화축전

대장경이 제조된 지 천년이 되는 2011년 9월에 대장경 세계문화축전이 열렸다. 행사장은 법보종찰(法寶宗刹) 해인사(海印寺)가 소재한 합천군 가야면의 면 소재지 위쪽에 조성되었다.

이곳은 나의 고향이라 마침 그해 여름을 고향에서 보내면서 축전을 준비하는 상황을 엿볼 수 있었다. 이 시골은 마치 천년의 잠에서 깨어나려는 듯 들썩거렸다. 야산을 까뭉개고 논밭을 메운 행사장 부지에는 마무리 건축공사가 한창이었고, 88고속도로 해인사 나들목에서 행사장으로 올라가는 도로는 2차선에서 4차선 확장 공사를 하느라고 휴일도 없이 박차를 가하고 있었다.

6·25전쟁 때 이곳으로 피난 왔을 때만 해도 주민들이 초근목피로 연명하던 이 산골 중의 산골이 세계인의 축전장이 될 줄이야!

이미 관계 당국과 매스컴에서는 9월 23일부터 45일간 열리는 행사의 세부내용을 국내는 물론 전 세계에 활발하게 홍보하고 있었다.

여름휴가를 고향에서 보내고 서울 집으로 올라온 얼마 후, '재경 가야면향우회'에서 축전 관람 희망자를 모집했다. 나는 그들과 함께 기쁨을 나누려고 기꺼이 동참했다. 천 리 길을 전세 버스를 타고 내려오면서 피난 시절 생각에 잠겼다.

나는 1·4후퇴 때 피난해서 이곳 숭산초등학교에 입학했다. 2학년쯤 되던 해 초파일에 처음 해인사를 구경했다. 전쟁 중이던 그 시절, 어머니는 호구지책으로 장터에서 노점상을 했는데, 초파일에는 만사를 제쳐놓고 고운 옥양목 치마저고리 차림을 한 후 동네 아주머니들과 함께 나섰다. 버스도 다니지 않던 시절이라 아침 일찍부터 서둘렀다.

해인사가 같은 면 안에 있다 하나 대법당까지는 삼사십

리가 족히 되는 거리인지라 나는 무척 다리가 아파 주저앉고 싶었지만, 내가 졸라서 따라가는 길이라 아프단 말도 못 하고 꾹 참을 수밖에 없었다. 그 후 나는 어머니와 그렇게 긴 나들이를 한 적이 없다.

그날 나는 대장경을 본 기억은 없고, 바위만큼 큰 부처님이 법당에 높이 앉아 황금빛 광채를 눈이 부시도록 내뿜고 있었던 기억은 생생하다. 어머니는 법당 안에 들어가 부처님에게 절을 하며 무언가를 빌고 또 비는 것 같았다.

관광버스가 거의 다섯 시간 만에 행사장에 도착했다. 행사장에는 다섯 개의 관람관이 있었다. 문자와 인쇄 등 기록 문화를 한눈에 볼 수 있는 지식 문명관, 참선 탐구 및 불교 문화를 알 수 있는 정신문화관, 팔만대장경 원본을 볼 수 있고 장경판전의 신비를 체험할 수 있는 대장경 천년관, 세계 교류관, 그리고 세계 시민관이었다.

전시관을 돌며 체계적으로 관람하다 보니 지금까지의 상식을 뛰어넘어 놀라기도 했지만 숙연해지기도 했다.

고려의 대장경은 1011년(현종 2년)부터 본격적으로 조성하기 시작하여 1251년(고종 38년)에 대미를 장식했다. 2세기 반에 걸쳐 찬란한 대장경 문화를 이루게 된 것이다. 1011년 거란족의 침입에 항거해 제조한 초조(初雕)대장경은 1232년 몽골 2차 침입 때 불에 타 없어지고, 현재의 대장경은 3차 몽골 침입을 극복하기 위해 1236년(고종 23년)부터 시작된 이래 16년에 걸쳐 제작된 재조(再雕)대장경이다.

대장경은 부처님의 말씀을 담은 경장(經藏), 제자들이 지켜야 할 계율을 담은 율장(律藏), 경과율에 대한 주석을 담은 논장(論藏)을 집대성한 것이다. 장(藏)은 바구니를 의미하므로 경·율·논의 3장을 담은 바구니란 의미로 풀이한다.

대장경 진본을 눈앞에서 보기는 처음이었다. 민족적 수난과정에서 창조된 이 위대한 경판에서 내뿜는 천년의 숨결이 고스란히 가슴에 와 닿았다.

양적으로도 그 반대함에 놀랐다. 경판 한 장의 두께는 4㎝ 정도, 이를 쌓아 놓으면 3,200m로 백두산보다 높으며, 경판의 길이를 이으면 54㎞, 무게는 280톤, 하루 8시간씩 읽는다면 30년 이상 걸린다는 것이었다. 이런 기록을 고려하면 1995년 유네스코 세계문화유산, 2007년 세계 기록유산 지정은 당연하리라.

전시관을 관람한 후 우리 일행은 해인사로 올라갔다. 일주문부터 경내로 천천히 걸어 들어가는데 역시 예전과 달리 천 년을 거슬러 걸어가는 기분이었다. 천 2백 년 전, 해인사 창건과 동시에 심었다는 두 아름은 됨직한 나무가 수령을 다 하고 고사목이 되어 제일 먼저 걸음을 멈추게 했다.

그 오랜 세월을 버티느라고 불에 그슬린 것처럼 거무죽죽했으나 거대한 둥치는 죽어서도 그 위용을 자랑하고 있었다. 천천히 경내를 돌아본 후, 81,350판의 대장경이 수장되어있는 장경각에 올라 수다라장, 동·서사 간과, 법보전에 대한 설명을 또다시 들으며 새롭게 불가사의한 신비를 느꼈다.

서기 802년 해인사를 창건한 이래 조선조에 들어 숙종 때부터 고종에 이르는 176년 동안 무려 일곱 번의 큰 화재로 수백 간의 불당과 요사를 모두 태웠는데 그 화마 속에서도 오로지 장경각만은 온전했다고 하니 말이다.

대장경 연구의 세계적 권위자 '루이스 랭커스터' 버클리대 명예 교수는 대장경 제조를 '사건'이라며 이렇게 경탄했다.

1011년 고려에서 일어난 대장경 판각 사업은 동아시아 전반에 영향을 미친 일대 사건이었습니다. 북송(北宋) 판 등 중국 대장경이 제대로 남아 있지 않았지만,

고려 대장경은 거의 완벽한 상태로 보존돼 대장경 연구의 기본이 되고 있습니다.

그는 목록을 영문으로 출간해 한국불교 연구 붐을 세계적으로 일으키게 한 학자다. 장경각에서 내려오니 어느새 따스한 햇볕이 대적광전 처마를 스치고 내려앉았다.

법당에는 비로자나 부처님이 인자한 미소를 머금고 우리를 내려다보고 있었다. 그 위용과 미소는 예나 지금이나 그대로였다.

우리는 해인사를 뒤로하고 이번에 새로 생긴 '소리길'을 따라 내려왔다. 물소리, 바람 소리, 새소리도 들을 수 있다고 해서 소리길이라고 한단다. 나는 그 길을 천천히 걸으며 그 소리보다, 흘러간 세월의 소리를 들으려고 귀를 기울였다.

이 산골 사찰로 들어가는 험난한 산길을 누가 닦았으며, 수차례 불에 타버린 이 가람을 누가 다시 지었을까? 아마 우리 할아버지의 조부님이나 그 윗대 조부님들도 이 길을 닦고, 불에 탄 터를 고르고, 대적광전 기왓장을 나르는 불사에 참여하지 않았을까 하는 생각에 이르자, 아마 나는 선조들의 음덕으로 오늘 이 길을 무사히 걷고 있지 않을까, 라는 생각도 해보게 되었다.

일행은 모두 당일 늦은 오후에 상경했으나, 나는 내려온 김에 시골집에서 며칠 묵을 요량으로 홀로 떨어졌다. 작은 가방을 휴대한 나는 시골 택시를 타지 않고 걷기 시작했다. 다소 힘든 거리지만 그저 걷고 싶었다.

그 옛날 소나무 껍질을 벗겨 먹고 살았던 사람들이 아직도 사는 그 마을 앞을, 가난을 운명처럼 받아들였을 할아버지의 할아버지도 걸었을 그 길을 그냥 걸었다.

초가을 늦은 오후의 따스한 햇볕이 포근했다. 황금 들판에서 반사되는 햇살에도 눈이 부셨고, 몇 접이 넘을 사과를 매달고도 꿋꿋하게 서 있는 키 작은 사과나무가 대견스러웠다. 길가에 훌쩍 큰 코스모스 옆에 가서 슬쩍 키를 대봤더니 이 녀석도 마구 하늘거렸다.

분홍빛 코스모스도 큰 짐을 벗어버린 나처럼 홀가분한가 보다.

인류 문명의 위대한 유산 팔만대장경, 다음 천년도 탈 없이 보존되어, 3011년에는 더 뜻깊은 세계인의 문화축전이 열리기를 기원했다.

(2011년 가을)

작은 거인 석천 이명갑 공을 기리며

고향 집에 머물 때는 아침 운동으로 죽전저수지 수변을 걷는다. 죽전(竹田)은 대밭 골이라고 부르는 산골 마을 이름이다. 저수지는 산골 저수지치고는 꽤 넓고 크다. 매화산 계곡에서 흘러내린 맑은 물이 그득히 담겨있는 저수지를 바라보면 마음부터 풍요롭다.

'숭산골'이라고 부르는 산골의 이 동네, 저 동네에 사는 농민들은 태곳적부터 하늘만 쳐다보며 농사를 지었다. 아니 숭산(崇山)이라는 이름에서 보듯이 하늘을 찌를듯한 산만 바라보며 농사를 지었는지도 모른다.

그러던 중에 저수지가 축조되어 물 걱정을 안 하게 되었으니 이 지역으로서는 경천동지할만한 변화가 일어난 셈이다.

저수지 뚝 입구에는 '죽전지'라고 새긴 표지석이 서 있고, 그 옆에 '석천 이명갑 공 기적비(石泉 李命甲 公 記績碑)라고 새긴 삼각형 비석이 안정감 있게 세워져 있다. 뒷면에는 석천 공을 기리는 공적이 새겨져 있다.

만수동 화룡점정(萬壽洞 畵龍點睛)
가뭄에 타는 들녘
하늘 보며 가슴 치던
서러움과 원망의 시간들이
운명인 듯 숙명인 듯
넋 놓은 체념 더해지던 마른 땅위
한 줄기 빛으로 선각자로 다가서신 공께서는
정감록 10승지
애타는 마지막 소원 하나
한 해(旱害) 천수(天水) 상관없는 풍년 농사
수백만 평 마른 논에 물들이고
수혜민(受惠民)들 천추(千秋)의 한을 씻어 버린
신이 내린 축복

죽전저수지 축조(築造)의 길을 여신
만수동골 화룡점정(畵龍點睛)
결초보은(結草報恩) 공의 은공 보답하고자
자랑스럽고 아름다운 공덕 기리고자
공의 얼이 서린 이곳 죽전지 초입에
기적(記績)비를 세움은 공의 높으신 뜻 길이길이 새기고
그 공덕 대대손손 귀감(龜鑑)되게 하기 위함이다

나는 석천 공을 1980년대 초에 처음 만났다. 50대 중반의 공은 척박한 이곳 산골의 발전을 위해 동분서주하던 때였고, 나는 30대 중반으로 중앙부처 차관 비서실에서 근무할 때였다.

내 근무처를 어떻게 아셨는지 처음 통화한 이래 이런저런 일로 수차례 통화를 했는데, 공은 특이하게 나를 꼭 '임자'라고 불렀다. 어느 날 전화가 왔다.

"임자, 내가 사나흘 후에 임자를 만나러 올라갈 테니 시간 좀 내주게. 용건은 면 소재지에서 숭산 골까지 들어오는 도로 확장 · 포장을 위해 중앙부처를 직접 찾아가 건의를 하고 싶으니 관계관을 좀 만나게 해주게."

고향 어른의 부탁인지라 나는 관계관에게 사정을 말하고

시간을 내 달라고 요청했다. 이미 민원은 접수되어 있었다. 약속한 날 오후, 세 분의 어른이 비서실에 들이닥쳤다.

짤막한 키에 단단한 모습의 석천 공은 예의 그 '임자'를 카랑카랑하게 부르며 당당하게 들어왔다. 함께 오신 어른이 지금은 고인이 되신 박갑동 공과 이권두 공으로 기억하고 있다.

세 어른과 나는 담당관과 장시간 대화를 했다. 나도 이 도로 사정을 잘 알고 있었다.

6·25전쟁 피난 시절에 어머니가 가야 장터에서 떡국 장사를 할 때 어머니는 솥을 머리에 이고, 열 살짜리 나는 장작을 멜빵에 걸머지고 걷던 길이었다. 자갈을 깔아놓은 도로에 트럭이 지나갈 때마다 겁을 먹던 그 길은 아직도 그대로였던 모양이었다.

우여곡절 끝에 3년 후에 착공하는 사업계획에 집어넣을 수 있었다. 우리나라에 자금이 없어 ADB(아시아 개발은행) 차관 자금을 쓰는 것이었다. 급하다는 어르신들에게 3년은 엄청 빠른 계획이라고 설명해 드리자 수긍했다.

기적비 앞에 서서 석천 공을 추억했다. 도로 확장·포장을 위해 심혈을 기울이던 공이 또 이 저수지 축조를 위해서 얼마나 큰 노력을 기울였을까.

아마 온몸을 던져 주민 설득에 앞장서고 관계기관을 종횡무진으로 뛰었으리라 짐작했다. 상대를 감동하게 하는 설득력과 강력한 추진력을 겸비한 그의 노력이 오늘 주민들이 풍년가를 부를 수 있게 했다고 믿고 있다.

도로 확장·포장이 된 지 15년쯤 지난 후 나는 고향 인접인 거창에서 근무하게 되었다. 그때 석천 공은 합천군 노인회장직을 맡고 있었다. 거창 노인회에 행사가 있어 오실 때면 꼭 나에게 연락했다.

야로면 어느 예식장에서 아드님 결혼식이 있을 때는 이강두 국회의원이 주례를 서고 나도 참석해 축하했다. 세월은 어쩔 수 없다 했던가. 별세하시기 두어 해 전에 우리 마을 지도자 몇 명과 함께 공의 자택으로 병문안을 하러 갔더니 그 명석하던 분이 우리를 못 알아보고 계셨다.

치매라는 질병이 참 허무한 병이란 걸 다시 한번 절감했다.

석천 공은 1920년 8월 14일 가야면 야천리에서 출생했다. 가산 보통 공립학교를 졸업하고 1952년 지자체를 처음 시행할 때 가야면 의회 의원으로 활동했다. 1972년에는 통일주체국민회의 대의원으로 활동하고, 1989년 합천향교 유도회지부장과 1992년 대한노인회 합천군지회장으로 봉사하시다 2012년 향년 92세로 별세하셨다.

석천 공은 내가 수없이 보아온 어떤 정치인보다도 크고, 어떤 봉사자보다도 넓은 한 시대의 진정한 거인이었다.

공은 세상을 떠나셨지만, 주민들의 가슴속에 영원히 살아있으리라. 이 지역의 후배지도자들도 공의 뒤를 이어 숭산사랑모임(숭사모)을 결성해 지역 발전을 위해 발 벗고 나서고 있고 우리 집안 아우들도 적극적으로 참여하고 있다.

이러한 전통은 오래도록 면면히 이어질 것을 나는 의심치 않는다. 서운(瑞雲)이 싸고도는 숭산이여 영원하라!

묵란(墨蘭)을 치면서

난초를 치기 시작한 지 십여 년이 지났지만, 지금도 난초 한 잎 치려면 붓을 든 채 몇 번을 망설이게 된다. 붓글씨나 그림은 선천적인 소질을 타고나야 한다는 말이 빈말이 아님을 새삼 깨닫는다.

사군자 그리기에 입문하면 대개 난초부터 치기 시작한다. 겸재정선미술관 사군자 반에서 처음 나를 지도해준 이근우 교수는 난을 치는 첫 번째 기법으로 붓의 빠르기를 설명했다.

"빠르게 그리되 느려야 하며, 느리게 그리되 빨라야

한다."

아무리 생각해봐도 평범한 기법은 아니었다. 지금 J대학에 재직하고 있는 이 교수는 중국에서 박사과정을 수료한 분이다. 겸재아카데미전에 출품한 나의 첫 작품도 난초였는데, 교수는 작품 제목을 그런 뜻을 품은 화득만(畵得慢)으로 지어주었다.

중국의 수묵화 책을 읽어가면서 '화득만'을 설명해 주었는데 다른 미술책에서는 찾을 수 없는 독특한 용어였다.

난을 잘 치기 위한 왕도는 없다. 여러 필법을 반복하는 수밖에 없다. 일 엽은 위로 올려치고, 이 엽은 봉황의 눈을 만들면서 올라가다가 꺾어 길게 늘어뜨리고, 삼 엽은 봉황의 눈을 깨는 식으로, 사 엽, 오 엽을 그려나갔다.

난초를 그리려면 최소한 붓글씨를 익힌 다음에 입문하는 것이 정석이라는데 나는 붓글씨를 제대로 쓰지 못하면서도 난을 치기 시작했다. 난초의 생김새는 한자의 서체와 닮았다고 해서 잎을 그릴 때 그린다고 하지 않고 삐친다고 한다. 즉, 친다고 한다.

나는 미술관에서 십여 년 동안 이근우 교수에 이어 송근영 교수, 이민주 교수 등 세 분의 지도를 받았는데 사군자 화법이 오늘날까지 맥을 이어온 미술사를 배우는 것도 큰 소득이었다.

사군자 그림은 고려 말기에 전래 되었으나 조선 중기의 탄은(灘隱) 이정(李霆, 1554~1626)으로부터 발전되기 시작했다. 세종대왕의 현손(玄孫)인 탄은의 묵죽, 묵란, 묵매 작품 39점이 실려 있는 삼청첩(三淸帖)은 시대를 초월한 명작이다.

그의 작품은 너무나 유명해서 당시 중국인들은 한 폭이라도 구하려고 혈안이 되어 값을 따지지 않았다고 한다. 그 후 조선 말기 추사(秋史) 김정희(金正喜, 1786~1856)의 난초, 그의 영향을 받은 대원군인 석파 이하응, 운미 민영익이 높은 경지를 보여주었으며 그 전통이 오늘날까지 이어지고 있다.

추사는 난을 치기에 앞서 군자의 도를 강조했다. 나는 추사의 난초 치는 비결(寫蘭訣)의 한 대목을 읽고 내심 뜨끔했다.

"인품이 고고특절(高古特絶)해야 화품(畵品)도 높아지는 것인데, 세인이 공연히 형태만 같이 하기에 애를 쓰거나 혹은 화법으로만 애쓰는 이들이 있다."

문학이나 예술은 다 한 줄기라는 것을 느끼게 하는 대목이다. 수필에서 늘 강조하는 "인격(人格)이 곧 문격(文格)이다"라는 말과 같은 의미가 아니겠는가.

난초는 그 종류와 포기 수에 따라 표현을 달리한다. 나는 소품에는 한 꽃대에 한 송이 꽃을 피우는 춘란(一莖경一花화)을 선호하고, 큰 화선지에는 많은 꽃을 피우는 혜란(一莖多花)을 친다.

난초를 가장 많이 치는 것은 난초의 단아함과 꽃의 매력 때문이다. 나는 춘란 꽃송이를 그릴 때는 청순한 젊은 남녀에 비유해 그리기를 좋아한다. 가끔 친구들로부터 자녀의 결혼식 주례 부탁을 받으면 이 묵란을 쳐서 신혼부부에게 선물로 준다.

두 포기의 난을 쳐놓고 한 포기에는 신랑 꽃을, 또 한 포기에는 신부 꽃을 그린다. 서로 다소곳하게 마주 보며 고개를 숙이는 모습이다. 내 나름대로 마음에 들 때까지 많은 파지를 내며 그리는 것은 신혼부부의 행복을 바라는 주례의 마음이 전달되어, 난초처럼 고결하고 맑은 향기를 언제까지나 간직하기를 바라는 마음에서다.

난을 친 다음 자작시를 제시(題詩)로 쓰면 좋겠지만 그렇지 못해 옛 시인의 시구를 인용해 쓰고 있다. 지난해 공모전에 출품한 작품에도 맹교(孟郊, 唐, 751~814)의 시에서 일부를 인용했다.

경파불개광 난사불개향(鏡破不改光 蘭死不改香, 거울은

깨져도 그 빛을 바꾸지 아니하고 난초는 죽어도 그 향기를 바꾸지 않는다). 난을 친 다음 제시를 써넣고 낙관을 찍어 작품을 완성하면 난초의 품위는 한결 더 고결해 보인다.

사군자 중에 어느 하나 선비의 곧은 절개와 맑은 정신을 닮지 않은 것이 있겠느냐마는, 나는 이 난사불개향을 매화의 매일생한불매향(梅一生寒不賣香, 매화는 아무리 추운 겨울에도 그 향기를 팔지 않는다)과 함께 매화와 난초를 칭송하며 화선지 위에 그 뜻을 드러내려고 애를 쓴다.

사군자뿐만 아니라 동양화에는 보통 화제를 쓰는 것이 서양화와 다른 점이다. 시화일체(詩畵一體)는 단순히 보는 것을 넘어서 문학적인 감성을 담아내는 것인데, 중국 송(宋) 대의 시인이자 화가인 소동파(蘇東坡, 1036~1101)가 시 속에 그림이 있고, 그림 속에 시가 있다(詩中有畵, 畵中有詩)고 한 것도 이와 같은 맥락이리라.

지난해 삼청동 한벽원미술관에서 월전(月田) 장우성(張遇聖, 1912~2005) 선생의 '화중유시'전시회가 열린다는 소식을 뒤늦게 듣고 마지막 날 아침에 급히 달려갔다. 예상대로 문학을 주제로 한 회화전이었다. 월전 선생의 그림에 자작시를 결합한 작품들과 매화와 난초에 옛 시인의 시구를 옮겨 적은 작품은 지금도 머리에서 지워지지 않는다.

나이 들어가면서 작품 활동도 점점 소홀해지고 있다. 코로나19라는 전염병의 창궐로 사군자반도 오랫동안 문을 닫았다.

쑥대도 삼밭에서 자라면 저절로 곧아진다는 말이 있듯이 그동안 지도교수와 동료들 덕분에 졸작이나마 내놓았으나 혼자 작품을 하려니 게을러지기 한이 없다.

가끔이나마 화선지를 펼쳐놓고 난향천리 인향만리(蘭香千里 人香萬里)를 꿈꾸어 본다.

제 3 부

호모 유머러스

코로나19가 델타 변이에 이어 '오미크론 변이' 확산으로 확진자가 연일 최고치를 경신하고 있다. 정부 정책이 하도 복잡해서 우리 가족이 지금 확진된다면 당장 어떻게 조치를 해야 할지 나도 막막하다.

될 수 있는 대로 외출을 자제하고 온종일 핸드폰을 붙들고 산다. 어른이나 아이 할 것 없이 식사 때나 화장실 갈 때도 핸드폰을 끼고 사니 '포노 사피엔스'라는 신조어가 나올 만도 하다. 확진자가 늘어나는 만큼 웃을 일도 점점 줄어든다. 우울증까지 증가한다는 보도다.

가뜩이나 요즘 선거마저 짜증스럽다. 대통령 선거철을 맞아 여야 진영은 정책이나 미래에 대한 비전 제시는 팽개치고 상대 후보의 약점만 부각하려고 혈안이 되어있다. 이전투구도 모자라 이젠 상대 후보의 배우자 비리를 캐내어 폭로하는 것이 큰 전략인 양 자잘한 사생활까지 까발린다.

선거를 좀 웃음과 여유를 가지고 국민에게 희망을 주는 축제로 승화시킬 수는 없는 걸까. 국민도 그들의 선전 선동에 말려들지 말고 가끔은 웃어넘길 수 있는 여유를 가졌으면 좋겠다.

민주주의의 발상지 영국에서 있었던 일화다. 윈스턴 처칠은 국회 회기에 자주 지각을 했던 모양이다. 그가 하원의원에 출마했을 때 상대 후보가 그를 맹렬히 공격했다.

"처칠같이 아침 늦잠을 자는 게으른 사람이 또 하원의원이 되면 나라 꼴이 어떻게 되겠습니까?"

처칠은 아무런 변명도 하지 않고 천연덕스럽게 받아냈다.

"여러분, 아마 여러분도 나처럼 예쁜 마누라를 데리고 산다면 아침 일찍 일어나지 못할 겁니다. 그렇지 않습니까?"

유권자들은 배꼽을 잡고 웃었고, 상대 후보의 의도는 물거품이 되고 말았다. 우리나라 TV 후보자 토론에서 이런 발언을 했다면 어떻게 받아들여질까.

미국의 경우를 들어보자. 링컨의 사진만 보면 근엄하기 짝이 없는데 그도 유머를 즐겼던 것 같다. 링컨의 정치 맞수인 더글러스가 노예제 폐지를 주장하는 링컨을 '두 얼굴을 가진 사나이'라고 비난했다. 링컨은 그 정책에 대해서는 아무런 설명을 하지 않고 동문서답으로 응수했다.

"여러분 잘 보십시오. 만일 저에게 또 다른 얼굴이 있다면 지금 이처럼 못생긴 얼굴을 가지고 다니겠습니까?"

국민은 손뼉을 쳤다. 링컨은 미국의 역대 대통령 중 가장 못생긴 대통령으로 알려져 있는데, 그것을 빌미로 공격하는 맞수도 많았다고 한다. 턱수염을 기른 것은 못생긴 얼굴을 커버하라는 어느 초등학생의 편지를 받고 기르기 시작했다고 한다.

우리나라에서 '인간 국보'라고 불리던 국문학자 고 양주동 박사의 유머는 유명하다. 어느 대학에서 초청 강연을 마친 양 박사에게 한 학생이 항의했다.

"오늘 강의는 지난번 강의와 내용이 똑같은데, 혹시 모르고 계신 것은 아닙니까?"

아차, 여러 군데 다니며 강의를 하다 보니 또 실수했군, 속으로 생각하며 말했다.

"예끼 이 사람아, 소 뼈다귀도 두세 번은 우려먹어야 제맛을 아는 법인데, 국보의 강의를 한 번 들어서 제맛을 알겠나? 이제 겨우 어떤 맛인지 알 걸세."

친구 중에 유머가 몸에 밴 친구가 있다. 그와 함께 있으면 괜히 기분이 좋고 술자리를 함께하면 자리가 더욱 풍성해진다. 어떤 얘기건 간에 그의 입을 거치면 시빗거리가 정화된다. 유머를 즐기는 사람들을 보면 대체로 머리가 명석하다. 그도 정부 고위직을 역임했다.

나는 코미디언이나 개그맨은 아이큐가 상당히 높을 것이라고 믿고 있다. 나도 가끔 유머라고 써보지만 대개 썰렁한 '아재 개그'라고 해서 무안을 당하곤 한다.

유머라고 해서 꼭 웃기는 것뿐만 아니라, 적당한 익살로 분위기를 반전시키는 것도 유머일 것이다. 유머는 상하 간에도 윤활유 역할을 하는 것이기에 때론 받아들이는 상사의 도량에 따라 효과를 극대화할 수도 있고 썰렁해질 수도 있을 것이다.

내가 서울 S경찰서에 부임해서 관내에 거주하는 김종필 전 국무총리 댁을 방문한 적이 있었다. 총리직에서 물러난 직후라 여러 가지 치안 문제가 있어서였다. 정치 보스의 주변에는 늘 정치인들이 들끓듯이 그날도 국회의원을 비롯한 여러분들이 함께하고 있었다.

서장과 총리의 거리는 하늘과 땅 만큼이나 멀지만, 분위기가 너무 무거워 슬쩍 한 말씀 드렸다.

"총리님 한 말씀 드리겠습니다. 제가 경찰간부후보생 과정을 이수하고 임관할 때 총리님께서 학생 대표인 저에게 직접 활짝 핀 무궁화 계급장을 양어깨에 달아주셨습니다. 저는 그 은덕으로 세 계급이 더 올라 오늘 총리님을 뵙게 되었는데, 총리님께서는 삼십 년 전이나 지금이나 총리님으로 계시니 그렇게 승진이 어려우신 모양이죠?"

말이 떨어지기가 무섭게 김 총리께서 "어어~ 이 사람 보게" 하면서 파안대소하자 배석한 일행들도 박장대소했다. 그로 인해 나는 내가 방문했던 목적을 쉽게 이룰 수 있었다.

그는 11대 국무총리(1971.6~75.12)를 역임한 후, 두 번째로 31대 총리(1998.8~2000.1)를 역임했다. 격동의 역사 속에서 고뇌와 멋을 함께 지닌 큰 정치인이라 늘 존경했는데 세상을 떠나셨으니 명복을 빌 뿐이다. 생전에 써둔 묘비에 들어갈 글귀도 버나드 쇼의 묘비명 '내 우물쭈물하다 이렇게 될 줄 알았다'에 버금갈 만큼 철학적이면서 멋스럽다.

"사무사(思無邪)를 인생의 도리로 삼고~~(중략) ~~나이 90에 생각해보니 89세까지가 헛된 인생이었구나."

주변 인사들은 'JP는 여백과 관용의 미를 정치로 실현한 분'이었다고 칭송하고 있다.

나이 들어가면서 나 스스로 무거운 이야기나 내 주장만 펴는 옹고집을 부리지나 않는지 성찰해 본다. 아직은 친구들에게 희망적인 친구, 유머러스한 친구로 남고 싶다. 원래 사람은 오감, 육감이 있다고 하는데 이보다 더 나은 감각이 유머 감각이라고 한다.

코로나19로 인한 스트레스도 유머 감각을 잃지 않으면 극복할 수 있는 것이 아닐는지. 밤새 핸드폰만 충전시킬 것이 아니라 유머와 웃음도 충전해서 '포노 사피엔스'보다 '호모 유머러스'가 되면 어떨까.

술과 잔

베르디의 오페라 '라 트라비아타'의 1막 파티 장면은 화려하다. 파티장에서 주인공 알프레도와 비올레타가 잔을 들고 부르는 '축배의 노래' 이중창은 이 파티를 더욱 흥겹게 만든다.

나도 멋진 이 노래를 이태리 원어로 부르고 싶어 몇 번을 시도했지만, 아직도 부르질 못해 아쉽다. 무대에서 와인 잔을 높이 들 때는 관객들에게도 "자, 잔을 듭시다"라고 권하는 것 같아 나도 모르게 손이 움찔한다.

그런데, 저 축배의 잔이 와인 잔이 아니고 소주잔이라

면? 또 맥주잔이라면? 그렇게 가정을 해보니 어떤 술이든 술과 잔은 구색이 맞아야 하겠다는 생각이 들었다.

나는 굳이 따지자면 애주가 편에 든다고 볼 수 있다. 집에서 저녁 식사를 할 땐 웬만하면 무슨 술이든 반주로 한두 잔 정도는 곁들이니 말이다. 술을 즐기는 사람은 알겠지만, 술이라는 것이 때와 장소에 따라 입에 당기는 술이 있게 마련인데, 집에서도 마찬가지다.

그래서 나는 여러 종류의 술을 주방 장식장에 넣어두고 있다. 비싸고 고급스러운 술만을 넣어두는 것은 결코 아니다. 가격 고하를 떠나 소주, 위스키, 와인, 정종, 고량주, 매실주, 인삼주 등 다양하다. 와인은 래드, 화이트에, 양주는 스카치, 버번, 몰트위스키까지 있다.

반주할 때 나는 반드시 소주는 소주잔에, 매실주는 매실주 잔에 마시는 식으로 술과 잔의 짝을 맞춘다. 소주도 희석주냐 증류주냐에 따라 유리잔이나 사기잔에 마신다.

언젠가 우리 형제들 야외 모임에 내가 와인을 준비하게 되었는데, 아내는 내가 커다란 와인 잔을 여러 개 챙기는 것을 보고 참 별나다고 했다. 얼핏 생각하면 꽤 별난 사람 같지만 반대로 생각해보자.

아무리 야외라고 하지만 와인을 종이컵이나 소주잔으로

마신다면 와인 맛이 나겠는가. 다른 술도 마찬가지다. 맥주를 종이컵에 마시고, 소주를 플라스틱 잔에 마시며, 양주를 정종 잔에 아무렇게나 마시는 사람이 있다면 그런 사람이 별난 사람이 아닐는지.

맥주도 '라거'는 입구 부분이 넓고 아래로 내려갈수록 좁아지는 파인트 잔이 청량감을 더 느낄 수 있으며, '에일'은 튤립 잔에 마시면 더 풍미를 느낄 수 있는데 어찌 아무 잔에나 마실 수 있으랴.

한데 나처럼 소주나 막걸리에도 반드시 짝이 맞는 잔을 고집하는데, 술 한 병에 억대를 호가하는 코냑 '루이 13세 마투살렘'이나 천만 원대의 '샤토 와인' 세트의 잔은 어떤 잔을 사용하는지 자못 궁금하다.

제일 맘에 안 드는 잔은 결혼식 피로연에서 사용하는 종이컵이다. 결혼식에서는 축배로 신랑 신부의 미래를 축하해주어야 하는데 술잔이 종이컵이다 보니 뭔가 좀 맥이 빠지는 기분이 든다.

종이컵을 들고 '브라보' 하며 부딪쳐 봐야 종이가 찌그러지고 술이 쏟아질 뿐이다. 물론 고급호텔 예식장은 예외지만, 가끔 친구들 모임에 나가 음식점에서 술을 주문하면 서로 기호가 달라 소주, 맥주, 막걸리 등 여러 종류의 술을 주문하게 된다.

어떤 집에서는 막걸릿잔이 없다며 유리컵을 내온다. 막걸리는 찌그러진 양재기에라도 마셔야 제맛이 나는 건데 무슨 맛이 날 리가 있나.

잔에 얽힌 옛이야기도 많다. 조선 중기의 정치가이며 문인인 송강 정철은 두주불사의 술꾼이었다. 이를 보다 못한 선조 임금이 은잔 한 개를 하사하면서 절주하라는 엄명을 내렸다.

"송강은 앞으로 이 잔으로 하루에 석 잔만 마실지어다."

은으로 만든 작은 잔을 하사받은 송강은 지엄한 어명에 그야말로 죽을 맛이었다. 그는 꾀를 내어 잔을 대장장이에게 맡겨 대접만 하게 큰 잔으로 만들어 마셨다니 주당답지 않은가.

술잔으로 말하면 계영배(戒盈盃)를 빼놓을 수 없다.

오래전에 경기도 이천에서 열리는 도자기 축제에 초청을 받아 참관한 적이 있다. 직장에서 함께 근무했던 동료가 이천시장에 당선되어 그가 옛 동료들을 초청한 것이다.

모든 일정을 마치고 귀가하려 할 때 그가 '계영배'라는 도자기 술잔을 선물했다. 계영배란 술이 잔의 7부까지 채워지면 압력에 의해 술이 작은 관을 통해 잔 밑으로 스르르 빠지도록 만들어진 잔이다. 과음을 경계하는 절주배(節酒盃)라고도 하는데, 더 넓게 보면 인간의 욕심을 경계하고 적당할 때 멈출 줄 알아야 한다는 상징적인 잔이기도 하다.

중국의 춘추전국시대 제나라 환공이 애용했다 하며, 우리나라는 조선 후기 도공 우명옥이 만들었는데 거상 임상옥은 늘 계영배를 옆에 두고 과욕을 다스려 큰 재산을 모았다고 전해진다.

요즘 SNS에 술 예찬론이 심심치 않게 올라오고 있다. 코로나19로 '혼술'이 늘어난 영향인지도 모르겠다. 심지어 장수비결로 적당한 음주를 꼽기까지 한다. 적정음주량을 놓고 논쟁이 있지만, 우리나라 암 전문 의료기관에서는 누구를 막론하고 적정음주량을 'ㅇ'이라고 결론 내렸다고 한다.

술에 든 에탄올이 유전 변이를 촉진해 암을 포함한 모든 질병 발생률을 높인다는 것이다. 그래서인지 그 작은 술잔에 빠져 죽은 사람이 물에 빠져 죽은 사람보다 훨씬 많다고 하는가 보다. 그렇다고 술까지 끊어버리면 애주가들은 또 무슨 낙으로 살겠는가.

누가 뭐래도 나는 술을 제 술잔에 적정량을 기분 좋게 마신다면 크게 걱정할 일은 아니라는 쪽에 무게를 둔다. 마음속에 늘 계영배를 품고 말이다.

오른쪽 걷기

서울은 세계적인 도시로 우리나라 정치, 경제, 문화의 중심지다. 인구를 놓고 보더라도 세계적으로 단연 손꼽히는 도시에 속한다. 인구 천만 명의 이 거대한 도시의 거리는 밤낮 사람으로 붐빈다.

도심 번화한 거리에 나서면 오고 가는 사람끼리 어깨가 부딪칠 정도다. 하지만 보행질서를 보면 문화도시라 하기엔 아쉬운 점이 많다. 우리나라는 근대 시가지가 형성된 이래 수십 년 동안, 사람은 좌측으로 통행하도록 법규가 정해져 좌측통행이 습관화되어 있었다.

문제는 우측통행 제도로 바뀌면서부터 생겼다.

좌측통행에서 우측통행으로 제도가 바뀐 것은 사실 보행 혁명이나 다름없는 사건이었다. 정부에서는 1921년 좌측통행을 시행한 지 88년만인 2009년에 우측통행으로 제도를 바꿨다. 그 이유로는 교통안전, 보행자 편의, 심리적 안정, 국제관례 등을 들었다.

좌측통행은 뒤에서 오는 차를 보지 못해 다치는 사고가 빈번히 발생하는 반면, 우측통행은 앞에서 오는 차를 보면서 걷기 때문에 긴급할 때 즉시 피할 수 있어 사고를 줄일 수 있는 장점이 있다는 것이었다.

건널목에서도 왼쪽에서 오는 자동차와의 거리가 떨어져 위험을 줄일 수 있는 것도 장점이라 하겠다.

제도가 바뀐 지 어언 10년이 훌쩍 넘었다. 그런데도 일반 보행도로, 건널목, 지하철 통행로, 계단, 어느 곳 하나 우측통행이 제대로 지켜지는 곳은 없다.

서울 종로통, 을지로통, 광화문통 등 수도의 대표적인 거리나 건널목만 해도 양쪽 보행로에 화살표가 몇 개씩 그려져 있다. 그런데도 시민들이 잘 지키지 않는다. 보행로에서도 오른쪽으로 걸어가다 보면 이어폰을 낀 젊은이가 눈 하나 깜짝하지 않고 정면으로 다가온다.

순간적으로 "우측통행, 우측통행!"이라고 소리를 질러

보고 싶지만, 오히려 이상한 사람으로 낙인찍힐까 봐 번번이 비껴간다.

원래 우리나라 보행제도는 우측통행이었다. 1903년 우리나라 최초의 자동차인 황제 전용어차 등장 후에 '우측통행규칙'을 발표했다. 이후, 1921년 일제는 일본에서 시행하던 영국 통행제도를 우리나라에 가져와 차와 사람이 모두 왼쪽으로 통행하는 제도로 바꿨다.

그러다가 해방 후, 1946년에 미 군정청이 차량을 다시 우측통행으로 바꿨다. 이때 사람에 관한 규정은 그대로 좌측통행으로 놔두어 세계에서 단 하나뿐인 이상한 제도가 존속하게 되었다.

정부는 이러한 불합리한 점을 개선하기 위해 2009년에 관습처럼 굳어진 좌측통행을 개선했다.

교통사고를 예방한다는 점과 일제의 잔재를 없애버린다는 의미에서도 찬성할 일이다. 기실은 우리 주변에 우측통행을 하는 시설은 여럿 있었다. 큰 건물의 모든 회전문이 왼쪽이 아니라 오른쪽으로 돌아가고 있는 것과 같은 것이다.

일정하게 통행 방향을 설정하는 제도나 교통 신호등의 색깔을 정해놓고 지키자고 하는 것은 문화 국민의 약속이다. 이 약속을 모두가 잘 지키면 안전하고 편안하다.

그런데 건널목이건 지하철 통로든 우측으로 보행하라는 화살표를 촘촘히 그려놓았는데도 지켜지지 않는다. 서울 종로의 10차선 도로 건널목에 서 있어 보면 실감이 난다. 건널목에 파란 불이 들어오면 인도의 왼쪽 오른쪽 할 것 없이 일렬횡대로 서서 기다리던 시민들은 서로 마주 보고 물밀 듯이 전진한다.

드디어 중간쯤에서 앞에서 오는 사람들과 맞닥뜨리면서부터 요리조리 피하고 부딪히며 난리를 피운다. 이 난리통에도 스마트폰에 코를 박고 건너는 사람도 있다.

지하철 에스컬레이터 이용수칙도 지키지 않기는 마찬가지다. 「에스컬레이터는 빨리 가기 위한 시설이 아니니, 두 줄로 서서 안전하게 이용합시다.」라는 표어가 붙어 있고 안내판이 여기저기 세워져 있어도 소용없다.

얼마 전에는 지하철 K역의 표어에 눈이 어지러워 일부러 두 번이나 오르내리며 세어보니 무려 열여덟 개나 되었다. 「뛰거나 걷지 마세요」, 「걷거나 뛰지 마세요」, 「손잡이를 꼭 잡으세요」, 「꼭 잡고 서서 타세요」, 그 말이 그 말 같은데 이렇게 많은 표어를 붙여놓다니….

그런데도 두 줄로 서서 안전하게 타기는커녕, 이용객들은 오른쪽에 한 줄로 서고, 왼쪽 줄은 오르내리는 길로 정착된 듯하다. 모범을 보이겠다며 왼쪽 줄에 서서 떡 버티다가는 공공의 적이 되기에 십상이다.

하기야, 뛰어도 살기 어려운 세상에 한 줄로 서서만 있으라고 하는 것이 세상 물정 모르는 안일한 생각일지도 모른다. 가끔은, 바쁠 때 텅 빈 왼쪽으로 뛰듯이 올라가면서 편리하다는 생각을 한 적도 있다.

그러니 이렇게 지켜지지 않을 바엔, 차라리 한쪽 줄은 오르내리는 통행 선으로 그냥 양성화하면 어떨까 하는 생각도 하게 된다. 기계 고장이 문제라지만 이 또한 보완하는 방법이 있지 않을까.

기초 질서는 법률로 강제하기보다는 어릴 때부터 교육을 통해서 자율로 지켜지는 것이 바람직하다. 집 근처에 있는 초등학교 등하교 시간에는 건널목에서 학부모들이 녹색 깃발을 들고 안전한 등하교를 돕고 있다. 가끔 봉사하는 노인들도 보인다.

우리가 초등학교 다닐 때는 학부모가 아니라 학생들이 교통봉사를 했다. 나는 초등학교 5학년 때 전교학생회 교통부장으로 일 한 적이 있다. 당시 4, 5학년 교통부 소속 학생들은 초록 완장을 차고 학교 등하굣길 중간에 서서 학생들이 좌측통행을 하도록 지도하는 것이 주요 임무였다.

농사철에는 학생들이 학교 앞 파밭이나 배추밭 두렁을 가로질러 오지 못하도록 지키는 것도 중요한 일이었다. 오전 오후반이 있었지만 4천여 명의 학생들은 질서를 잘 지키며 등교하고 하교했다.

질서가 곧 그 나라 국민의 문화 수준을 가늠해주는 잣대라고 한다. 큰 도시건 작은 도시건 간에 보행질서 하나만이라도 잘 지켜 스스로 문화 국민이라는 자부심을 느꼈으면 좋겠다.

2014년 4월의 산행

고등학교 동창 산악회에서 주관하는 화천 용화산 산행에 참석했다. 나는 왼쪽 고관절이 편치 않아 안내문에 소개된 용화산(龍華山) 등산로와 만장봉, 칼바위 같은 범상치 않은 이름들을 보고 지레 겁을 먹었다.

그래서 정작 나는 이날 일정에 들어있는 '평화의 댐'을 가보는데 더 큰 의미를 두었다. 꼭 한 번 가보리라고 마음먹었던 곳이다. 잠실에서 관광버스로 춘천을 거쳐 용화산 입구까지는 세 시간이 채 안 걸렸다.

용화산 초입에서 우리 일행은 등산 능력에 따라 A, B 두

팀으로 나눴으나, 일단 큰 고개까지는 모두 오르기로 했다. 초장부터 가파른 바위산이라 이미 설치되어있는 굵은 밧줄에 의지하여 거의 기다시피 해 올라갔다.

이삼십 분 정도밖에 안 걸렸는데 벌써 '헉! 헉!' 하는 친구들은 대부분 B팀이다. 그래도 B팀은 그곳을 그럴듯하게 '베이스캠프'라고 명명하고 자리를 잡았다.

해가 갈수록 나를 포함한 B팀의 숫자는 점점 느는 추세이다. 베이스캠프에서 하는 일이라곤 대개 맥주를 한 캔씩 마시며(소주는 안전사고 때문에 엄금), 전에도 했음 직한 왕년의 무용담을 늘어놓으며 시간을 보내는 일이다.

그러나 오늘은 며칠 전 진도 앞바다에서 침몰한 여객선 세월호의 안전 소홀과 무슨 종파가 연관되었다는 수수께끼 같은 선주 측의 비리와 만연한 사회 안전의식의 병리 현상에 대해 분통을 터트리느라 시간이 가는 줄도 몰랐다.

사실 우리는 세월호 참사[1] 문제로 산행을 연기할까 고

---

1 2014년 4월 16일 아침 인천발 제주행 여객선 '세월호(6,800톤급)'가 전남 진도 앞바다 맹골수도에서 침몰했다. 승선 인원은 총 476명으로 173명은 구조되고 303명은 사망 또는 실종되었다. 그중 수학여행을 가던 안산 단원고 2학년 학생 325명 중 75명만 구조되고 250명은 사망 또는 실종되었다.

심하기도 했지만, 애도의 마음을 갖고 조용히 다녀오기로 했다.

얼마나 시간이 지났는지 몸이 으슬으슬하면서 차가운 기운이 들었다. 보건체조라도 하려고 벌떡 일어나 산 아래를 내려다보다가 나는 깜짝 놀랐다. 산이 초록이 아니라 온통 연두색으로 물들어있기 때문이었다.

연한 연두색으로 인해 겨울 동안 움츠리고 있었을 산에는 생기가 감돌았다. 머지않아 이 산은 온통 초록으로 변할 것이고, 활기찬 푸른 생명력으로 뒤덮일 것이라는 생각을 하니 어떤 희망이 솟아오르는 듯했다.

그때, 갑자기 산바람이 '쏴~악' 하는 파도 소리를 내며 숲을 휘젓자, 그 연한 잎들이 심하게 흔들렸다. 나는 그 장면 속에서, 희망의 푸른 꿈을 피워보지도 못한 채 진도 앞바다의 차가운 맹골수도로 사라지는 단원고 어린 학생들의 환영이 보여 온몸에 소름이 돋았다.

웅성웅성 A팀 내려오는 소리에 정신이 들 때까지 한동안 그렇게 서 있었다. 용화산 아래 산채 식당에서 점심을 먹은 후, 일행은 바로 평화의 댐으로 향했다.

평화의 댐은 1986년 10월 북한의 임남댐(금강산 댐) 건설에 따른 수공(水攻)에 대응하기 위해 전두환 대통령 시절인 1987년 2월 화천 북한강 상류에 공사를 시작해, 88년 5월에 높이 80m, 길이 414m로 건설한 댐이다. 이 댐은 물을 가두지 않는 건류 댐이다.

그 후 북한 임남댐은 2000년부터 담수를 시작했는데, 그 영향으로 한강의 물 유입이 9.5%가량이나 줄어들었다고 한다. 그리고 평화의 댐을 완공한 때로부터 14년 후인 2002년 1월 초에는 겨울인데도 갑자기 평소보다 50배나 많은 양의 물이 평화의 댐으로 쏟아져 내려왔다.

이를 계기로 김대중 대통령 때에는 기존 댐으로는 항구적인 안전을 보장할 수 없다고 판단하고, 2002년 9월 평화의 댐 2단계 공사를 시작했다. 그로부터 3년 후 노무현 대통령 시절인 2005년 10월 완공했는데, 높이는 125m, 길이는 601m로 튼튼하게 보강되었다.

처음 공사를 시작하며 국민 성금을 모금하는 과정에 말도 많고 탈도 많았던 댐이다. 북한이 수공작전을 펴면 서울이 몽땅 물에 잠길 것이라는 정부의 발표가 정치적 목적의 과장이라며 야당을 비롯한 시민단체는 이를 신랄하게 비난했다.

어쨌든 후에 임남댐이 수공에 이용되건, 어떤 이유로 붕괴하든 간에 실제로 위험이 있다고 판단한 김대중 정부는 과감하게 보강공사를 시행한 것이다. 친구들이 한마디씩 했다.

"평화의 댐이 완공되기까지의 과정을 자세히 듣고 보니, 이런 역사적 사실이 아이러니하긴 하지만, 세 대통령 모두 할 일을 제대로 했구먼."

"대통령의 책무란 결국 국민의 생명을 안전하게 보호하는 것이 아니겠나? 그것이 곧 국가안보라고 생각하네."

나는 국민의 피땀이 어린 이 장엄한 댐을 바라보면서, 국가와 국민의 안전보장을 위해 이 댐을 완성한 데 대해서만은 세 분의 대통령에게 경의를 표했다.

댐 주변은 안보의식을 고취하기 위한 관광지로 꾸며 놓았고, 거기에는 비목공원과 '세계 평화의 종'도 있었다.

우리 일행은 비목공원에 있는 '비목' 앞에 섰다. 시비는 아담한 바위 돌에 시를 새겨 받침석 위에 놓여 있었다.

초연이 쓸고 간 깊은 계곡 양지 녘에
비바람 긴 세월로 이름 모를 비목이여…
궁노루 산울림 달빛 타고 흐르는 밤
홀로 선 적막감에 울어 지친 비목이여…

이 시는 1960년대 중반, 화천 비무장지대에 배속된 한명희라는 청년 장교가 잡초가 우거진 곳에서 6·25전쟁 때 전사한 무명용사의 녹슨 철모와 돌무덤을 발견하고 지은 시라고 한다.

후에 장일남 작곡가가 곡을 붙여 〈비목〉이란 가곡이 탄생한 것이다. 시비 뒤편 비탈에는 녹슨 철모가 씌워진 빛바랜 비목이 외롭게 서 있었다. 이 격전지에서 얼마나 많은 철모의 주인들이 산화했겠는가!

우리는 비목 아래 잠들어있는 그들의 명복을 빌고 평화와 통일을 기원하며 가곡 〈비목〉을 조용하면서도 비장한 목소리로 합창한 후 시비 앞을 물러났다.

비목의 탄생지 백암산은 이곳에서 14km 떨어진 북쪽에 있으며, 화천에서는 보훈의 달인 6월에 순국선열을 추모하기 위해 비목문화제를 연다고 한다.

'세계 평화의 종'은 세계 각국 분쟁지역에서 보내온 탄피와 6·25전쟁 전사자 유해 발굴 지역에서 출토된 탄피 일만 관(37.5t)을 녹여 만든 것이다. 전쟁을 기억하고 평화를 염원하며 2009년 5월 처음 타종했다.

우리 일행도 한꺼번에 종 채를 잡고 평화통일과 세월호 승객의 귀환을 기원하며 세 번 타종했다.

요즘 우리 친구들은 산 둘레길만 걸어도 산행이라 하고, 산속에 있는 절을 한 바퀴 돌아도 산행이라고 하는데, 강원도 준령을 넘어와 최북단 댐까지 두루 돌아보았으니 이 정도면 매우 뜻깊은 산행이었다고 말할 수 있다.

관광버스에 오른 일행은 전과 달리 모두 차분하게 서울로 향했다. 약속이라도 한 듯 술도 노래도 자제했다. 버스 안의 TV 뉴스에서는 계속 세월호 침몰 희생자 상황을 보도했다.

사망, 실종자가 300여 명이나 되었다. 국민은 이번 사건을 단순한 여객선 침몰사고로 보지 않았다. 우리 사회의 구조적 적폐, 무책임, 물질 만능, 탐욕으로 얼룩진 민낯을 보여준 것이라며 모두 자성의 목소리를 높였다.

이번에야말로 확실한 의식과 제도의 변화가 이루어져야 한다고 했다. 심지어는 국가개조론까지 거론되었다. 친구들의 걱정도 계속 이어졌다.

"사고 자체의 문제점은 말할 것도 없지만, 이번 사고로 인해 전 사회가 무기력증에 빠지고 있는 것도 문제일세. 또한, 사건의 본질을 왜곡하고 정치인들의 정치싸움으로 번지지나 않을지 걱정이네."

"모두 심기일전해야지. 이번 세월호 참사를 계기로 '생명 제일, 안전 대한민국'이라는 새로운 역사를 이룩해야 그들의 희생이 헛되지 않을 걸세. 그래야 희생자들도 또 다른 차원의 비목으로 영원히 기억될 것이고…."

경춘가도에 접어들자 차창에는 가끔 빗방울이 줄을 그으며 흘러내렸다. 관광철 일요일인데도 경춘 국도는 한가하다 못해 적막하기까지 했다.

신의(信醫)

건강관리공단에서 시행하는 건강검진을 2년에 한 번씩 동네 지정병원에서 받는다. 기본검진인 심혈관 계통이나 기능검사는 무료지만, 위와 장 내시경 검사를 받으려면 별도의 비용을 부담해야 한다.

이때에도 일반병원의 검진비용보다 저렴해서 일정액만 더 부담하면 된다.

나는 위내시경을 비롯한 모든 검진은 지정병원에서 받지만, 대장내시경 검사만은 E대학 병원에 가서 비싼 돈을 내고 받는다.

그 병원에는 J 여의사가 있기 때문이다. 과거에도 자주 직장을 옮겨 다닌 관계로 이곳저곳 병원에서 검사를 받아 봤지만, J 여의사 역시 다른 병원의 의사와 의술이 별반 다르지는 않다. 다만 딱 한 가지 특별한 것이 있다.

처음 진찰을 받을 때, 내가 아랫배가 좀 딱딱하고 누르면 아프다고 했더니 그는 아랫배에는 똥밖에 없다며 '똥'이라는 말에 유난히 악센트를 주었다.

"여기는 대장이고 이 속에는 똥밖에 없는데…. 뭐 별거 아닐 겁니다. 일단 검사를 해봅시다."

며칠 후 내시경 결과를 컴퓨터 화면으로 보여주며 별 특이사항이 없다고 했다. 불편하다고 하는 대장 안에는 '똥' 밖에 없으니 섭생과 운동을 잘하라며 몇 가지 설명을 덧붙였다.

그 설명 가운데 똥이라는 말이 또 몇 번 들어갔다. 나는 그 말이 왜 그렇게 이상하게 들리고 불편했는지 모른다. 40대 후반으로 보이는 참한 여자 의사가 그렇게 어울리지 않는 단어를 자연스럽게 쓰는 데 대해 오히려 내가 쑥스러웠다.

그러면서도 그녀의 '똥'이라는 말로 인해 묘하게도 더 믿음이 생겼다.

대장내시경으로 폴립을 떼어낼 때는 일이 년, 그렇지 않을 때는 사오 년 만에 한 번씩 병원에 가는데도 벌써 몇 번을 갔다.

이번 진료를 받을 때도 나는 '변'이라고 말하고 여의사는 '똥'이라고 말했다. 이번에는 대장이 깨끗하다며 5년 후에 오라고 명쾌하게 판정을 내려주었다.

세상에 이름이 널리 알려진 의사를 우리는 명의(名醫)라 하고, 명의 위에는 하늘이 낸 신의(神醫)가 있고, 그 위에 마음 까지 치료하는 심의(心醫)가 있다지만, 나는 J 여의사로 인해 믿음을 주는 신의(信醫)가 제일이라고 생각하게 되었다.

요즘 의사와 환자 간의 불신 풍조가 만연하다. 그 원인을 주로 의사에게 찾으려 하지만 환자의 자세에도 문제가 있는 것이 아닐까. 사마천의 사기 〈편작 열전〉에는 어떠한 명의라도 고칠 수 없는 여섯 가지의 불치병이 있다고 지적한다.

첫째, 환자가 의사를 믿지 못하고 내 병은 내가 안다고 주장하는 사람.

둘째, 자신의 몸을 가벼이 여기고 몸보다 재물을 더욱 중요시하는 사람.

셋째, 음식을 제대로 가리지 못하는 사람.

넷째, 음양의 평형이 깨져서 기운이 안정되지 않은 사람.

다섯째, 몸이 쇠약해져서 약을 받아드릴 수 없는 사람.

여섯째, 미신을 믿고 의사를 믿지 못하는 사람.

편작은 이 중의 하나만 있어도 병이 중하게 되고 고치기 힘들다고 했다. 그중에서 첫 번째로 '믿음'을 지적한 것을 보면, 의사는 환자에게 믿음을 주고 환자는 의사를 믿는 것이 으뜸임을 강조한 것 같다.

요즘은 물질 만능 시대가 되어서인지 과잉진료로 사회문제를 일으키고, 벼랑에 몰린 암 환자에게 검증되지 않은 요상한 요법 등으로 경제적 부담은 물론, 오히려 건강을 해치는 사례를 본다. 이럴 때마다 신의가 절실함을 느낀다.

인공지능이 바둑을 두고 소설을 쓰는 4차원의 시대에 코로나19라는 전염병이 몇 년째 전 세계를 공포에 몰아넣고 있다. 나라마다 의학적 판단에 따라 백신 접종과 마스크 착용을 권장하고 사회적 거리 두기를 강제하고 있지만, 일부에서는 이를 따르지 못하겠다고 집단시위까지 벌이고 있다.

정부에서는 마스크 대란에 이어 늑장 예방접종으로 차질을 빚더니 오미크론이라는 변이 바이러스가 대량 발생하자 재택치료라는 대책으로 국민 혼란과 고통을 가중하고 있다. 동네 약국을 다 돌아봐도 자가 검사 키트는 품절이라는 답만 돌아오고 보건소에는 영하의 날씨에도 검사를 받으려는 주민들의 줄이 끝이 안 보인다.

지정병원도 우왕좌왕하고 가정에서는 무슨 약을 어떻게 준비해야 하는지도 몰라 허둥대는 형편이다. 정부의 정책이 의료 전문가의 의견보다 행정 편의적으로 흐르는 것 같아 걱정이다. 그러니 국민이 정부를 믿겠는가.

서로 믿지 못하고는 고칠 수 없다. 개인의 병은 물론 가정의 병, 사회의 병, 나라의 병도 마찬가지이리라. 편작의 경고를 타산지석으로 삼아야 하지 않을까.

지하철 폭력 유감

밤 11시, 2호선 지하철에는 서 있는 승객이 거의 없을 정도로 한산했다. 강남 A역에서 피겨스케이트 선수 김연아처럼 예쁘게 머리를 틀어 올린 여학생 대여섯 명이 올라탔다. 다리가 늘씬하고 키는 컸지만 앳된 얼굴로 보아 중학교 2, 3학년 정도밖에 안 된 듯했고, 작은 운동 가방을 든 것으로 보아 발레를 배우는 학생들 같았다.

다음 역에서 어느 정도 덩치가 있는 여고생 너덧 명이 우르르 타더니 주변을 한번 휘 돌아본 후 대뜸 먼저 탄 어린 학생들 옆으로 다가갔다. 그중 얼굴이 좀 사나워 보이고 팔자걸음을 하는 학생이 대뜸 여중생들에게 시비를 걸더니, 갑자기 '야, 내가 우습게 보이냐, 엉?' 하고 큰소리를 지르며 겁을 주었다.

조용한 전철 안에 앉아 있던 승객들의 시선이 일제히 소리 나는 곳으로 집중되었지만, 그녀들은 전혀 아랑곳하지 않았다. 바로 건너편에 앉아 있는 내가 볼 때는 가만히 있는 아이들이 자기들을 우습게 보고 말고 할 아무 이유가 없었다.

아이들이 기죽어서 가만히 있는데도 큰 애들은 이제 툭툭 치면서 점차 막 나가기 시작했다.

나는 속이 부글부글 끓는 것을 참아가며 그녀들의 동태를 주시하는 한편 주변 승객들의 반응을 유심히 살펴보았다. 승객들은 대학생 같은 젊은이, 술 취해 눈이 게슴츠레해서 쳐다보는 중늙은이, 학부모일 것 같은 중년여성, 말쑥한 신사 등 다양했지만 아무도 이 상황에 끼어들려는 기미가 보이지 않았다.

승객들 대부분이 그 또래의 자식이나 동생이 있을 터인데, 남의 자식 당하는 것이 바로 내 자식 당하는 것이라는 생각은 아예 없는 듯했다. 더군다나 혈기 왕성한 젊은이들은 무얼 하며, 술 취해 간이 커졌을 그 중늙은이는 정의감도 없는지 심히 마음이 언짢았다.

얼마 전 전철에서 젊은 여학생을 훈계하던 할머니가 오히려 그녀로부터 머리채를 잡히는 수모를 당한 사건을 반면교사쯤으로 삼은 것일까.

대낮 같은 전철 안에서 수많은 어른이 지켜보는 가운데에서도 여학생들의 폭력이 이 지경이니 교내외 학생폭력을 누가 막을 수 있을지 걱정되었다. 여학생들의 목소리가 점점 커지고 툭툭 치는 폭력이 노골화되고 있는데도 승객 모두가 수수방관하고 있었다.

나마저 참고 있기에는 이제 스스로 용납되지 않았다. 그런 생각과 동시에 나는 자리에서 벌떡 일어나 그들에게 다가가자마자 기선을 제압하기 위해서 먼저 고함부터 질렀다.

"너희들 어느 학교 학생이냐, 너희 깡패들이냐, 여기 어른들이 많이 계시는데 눈에 보이는 게 없냐?"

그리고 앉아 있는 젊은이에게, 비상벨을 눌러서 승무원을 부르라고 지휘 아닌 지휘를 했다. 나는 내가 먼저 나서면 다른 승객들도 벌떼처럼 일어나서 이들을 이구동성으로 꾸짖으리라 생각했다. 그러나 이때까지도 누구 한 사람 반응이 없어 나는 순간적으로나마 당황하기까지 했다.

다만 술에 취해 뱁새눈을 하고 쳐다보던 그 중늙은이만 앉은자리에서 학생들에게 삿대질하며 뭐라고 떠들어대기만 할 뿐이었다. 전철이 다음 정류장에 도착하기 직전에 내가 '한 ×도 도망 못 가게 붙잡아라!'라고 젊은이에게 소리치자, 젊은이는 마지못해 몸으로 막는 시늉을 하고, 그녀들은 요리조리 피하다가 차 문이 열리자마자 후다닥 꽁무니가 빠지게 도망갔다.

그런데 전철이 출발할 때 그들은 어디서 다시 나타났는지 내가 앉아 있는 좌석의 바깥에서 창문을 쾅쾅 두들기며 눈을 치켜 도끼눈을 하고 있었다.

나는 다시 승객들의 표정을 살폈다. 나이 든 사람들은 벌써 눈을 감고 졸고 있었고, 젊은이들은 스마트폰에 빠졌으며, 그 여중생들은 잠시 전의 일과는 전혀 무관한 듯 머리를 맞대고 조잘거리고 있었다.

지하철 안은 평온했고, 나 혼자만 흥분을 가라앉히면 되었다. 봉변당했던 할머니처럼 되지 않은 것에 안도하며 허망한 가슴을 쓸어 내렸다. 지하철 금속 바퀴의 날카로운 마찰음이 이렇게 크게 들리기는 처음이었다.

두세 정거장을 지나자 어린 여중생들도 내렸다. 그 소동이 있었음에도 여중생들은 나에게는 물론 누구에게도 고맙다는 인사는커녕 어떤 표정도 없이 그냥 내릴 뿐이었다.

도대체 있을 수 없는 폭력배 여고생이나, 감사할 줄 모르는 여중생이나, 사회의 어른이기를 포기한 것 같은 승객들의 방관자적 자세가 누구의 잘못 때문인지, 이 시대의 흐름인지, 걱정스럽기는 매한가지였다.

이 사건이 있은 지 얼마 후 패륜적인 두 건의 사건이 연달아 발생했다.

한 사건은 지하철에서 어느 할머니가 귀엽다고 아기를 만진 것이 시비가 되어, 아기 엄마가 '남의 새끼 만지지 말라.'라고 하면서 페트병으로 할머니를 폭행한 사건이고, 또 한 사건은 80대 할아버지가 다리를 꼬고 앉아 있는 20대 청년에게 '불편하니 다리를 내리라.'라고 한다고 노인에게 '야, 이××놈아. 죽고 싶어?'라며 온갖 욕설을 하며 행패를 부린 소위 '막말남' 사건이다.

이때도 역시 이들의 행패를 제지한 사람은 노인들뿐이었고 정작 말려야 할 시민들은 방관했다.

지하철 여학생들의 폭력 현장을 남의 일이라며 외면하는 비겁한 시민들의 풍조가 오늘의 '폭행녀'와 '패륜 막말남'을 키웠다면 지나친 논리의 비약일까?

대열

계룡산 콘도에서 문학회 세미나가 열리는 날 새벽에 서울에서 출발했다. 처음 가는 길이라 승용차의 내비게이션을 켜고 따라갔다. 세 시간 만에 고속도로 요금소를 빠져나와 공주 시내로 들어서자 아침 안개가 부옇게 시야를 가렸다.

앞서가는 차들이 깜빡깜빡 비상등을 켜고 천천히 가기에, 나도 비상등을 켜고 그 뒤를 따랐다.

공주 시내를 벗어나 계룡산 이정표가 보일 때쯤에는 안개가 걷히고 하늘이 맑아져 비상등을 꺼도 되겠다는 생각을 했다. 그런데도 앞차들은 계속 비상등을 깜박거리며 서행을 하고 있었다. 한참을 가도 그러기에 그때야 이상한 생각이 들어 운전대를 왼쪽으로 획 꺾어 쌩하고 앞으로 나갔다.

앗, 장례 대열이었다. 고인에게 예의를 표하고 승용차의 액셀러레이터를 밟았다. 엉뚱한 장례 대열에 끼긴 했지만, 이 또한 고인과 내가 몇 겁의 인연이라도 있었기 때문이 아니겠나 싶어서 명복을 빌어드린 것이다.

그러고 보니 나도 꽤 이런저런 대열에 섰었다. 엉뚱한 대열에도 서고, 정의를 부르짖으며 서기도 했다. 대학생 시절에는 우국충정으로 시위대열에 섰다가 경찰서 신세를 두 번이나 졌다. 『63학생 운동사』 어느 쪽 한 귀퉁이에는 내 이름 석 자가 적혀 있다.

공직에 투신해서는 적법한 시위대열은 보호하고, 불법 대열은 법 절차에 따라 조치해야 하는 일을 하게 되었다. 1980년대 서울 종로 일대, 시청 부근 등 도심 거리에는 정치적, 사회적 갈등으로 크고 작은 시위대열이 수시로 이어졌고, 나는 공권력의 이름으로 그들과 마주했다.

실정법은 엄연히 존재했지만, 불법시위가 끊이지 않았고, 적법한 시위도 불법으로 변질하는 경우가 다반사였다.

그 시대는 정권의 정당성을 놓고 정치적으로 첨예하게 대립하던 때라서 법의 존엄성이 경시되었다.

민주화가 이루어진 90년대에도 정상적인 시위문화는 정착되지 않았다. 불법시위에 대해서는 엄정하게 대처해야 할 내각의 수장이 격렬한 시위에 대해, 시위대와 공권력이 서로 한 발씩 물러서라고 양비론적 해결책을 내놓던 시절이었다.

공권력의 권위가 훼손되고 무력화되는 현상을 초래했다. 떼법이니, 국민 정서 법이니 하는 용어가 공공연히 쓰이기도 했다.

국민이 분노한 대열의 힘은 무서웠다. 5공화국 시절의 간선제 대통령 선거제도를 이어가려던 집권세력의 의도는 1987년 엄청난 시민의 분노로 좌절되고, 대열은 급기야 6·29선언을 끌어냈다.

이 선언으로 인해 대통령 5년 단임 직선제를 골자로 한 제9차 개헌안이 국민투표에 부쳐져 절대다수의 찬성으로 통과되었다. 6·29는 한국 민주화 과정을 안정시킨 초석의 하나로, 현재까지 30년 넘게 이 체제를 유지하고 있다.

나이가 들어 정년퇴직한 후에, 나와 대열은 아무런 상관이 없을 것이라고 믿었다. 이제 대열에 설 일도, 대열과 부딪칠 일도 없을 것으로 생각했다. 그러나 현실은 그렇지 않았다. 대한민국 최초의 여성 대통령이 탄핵정국에 휘말렸다. 대통령의 측근인 한 여성의 비리가 국정농단 사건의 시발점이 되었다. 대열은 크게 둘로 나뉘어졌다.

광화문 광장에서는 탄핵을 주장하는 촛불 대열이 청와대를 향해 뜨거운 불길을 내뿜었다. 광장은 분노한 인파로 뒤덮였다. 반면에 시청 앞 광장과 대한문 앞에서는 탄핵을 반대하는 태극기 대열이 바람을 일으켰다.

그러나 태극기 바람은 광화문 촛불을 끌 정도로 세차게 불지는 못했다.

나는 역사의 현장을 직접 목격하기 위해 촛불 대열과 태극기 대열에 들어가 섰다. 무엇보다 4·19와 같은 유혈사태나 헌정중단 사태가 일어나지 않기를 바랐다.

이 나라가 어떻게 여기까지 왔는데! 탄핵은 또 다른 후폭풍을 몰고 올 것이므로 탄핵 이외의 방법으로 해결되기를 바랐다. 그러나 결국 대통령은 탄핵 되어 또 영어의 신세가 되었다.

대한민국 70여 년 역사 속에 역대 대통령은 망명, 피살, 자살, 탄핵, 구속이라는 불행한 역사를 만들고 말았다. 내가 우려했던 대로, 새로운 정권이 들어섰지만, 양쪽 대열의 응어리는 흩어지기는커녕 더욱 굳어져만 갔다.

태극기 대열은 새 정권 출범 이후 엄동설한이든, 삼복염천이든 한 주일도 거르지 않고 탄핵의 무효를 주장하며 도심에서 집회와 시위를 이어갔다.

대열이 또다시 도심에서 분기탱천하게 한 계기는 '이게 나라냐'고 외치던 정치세력이 집권하자, 역시 많은 국민으로부터 '이게 나라냐'라는 손가락질을 받게 되면서부터였다.

기회는 평등하게, 과정은 공정하게, 결과는 정의롭게 하겠다며 출범한 집권세력이 과연 평등, 공정, 정의를 정말 제대로 지키는지 의심이 가는 정권이 되었다. 부정적인 여론이 비등한 C 아무개를 한사코 법무부 장관으로 임명한 것과 그의 가족 비리가 터져 나오면서부터 촉발되었다.

국민이 심한 박탈감과 함께 분노했다.

나는 63사태 당시 스크럼을 짜고 학교에서 청와대까지 뛰던 이래 55년 만에 다시 대열에 섰다. 2019년 10월, 분노한 국민의 시위대열은 서울역에서부터 광화문 광장까지 이어졌다.

시위에 참여한 인파는 어마어마했다. 10월 3일에 나는 광화문 사거리에서 약속장소인 세종대왕 동상 앞까지 불과 5분 거리를 한 시간이 걸려서야 인파를 뚫고 갈 수 있었다.

한편 서초동 검찰청사 앞에서도 문제가 된 C 장관을 지지하는 촛불 집회가 열렸다. 여기도 놀랄만한 인파가 운집했다. 티브이에서는 양쪽 전경을 비교하듯 비추면서 두 동강이 난, 민심의 실체를 보여주었다.

국제 정세는 나라의 안위가 걱정될 정도로 심각하게 변화하는데 정치세력은 우물 안 개구리처럼 분탕질한다. 마치 해방 직후의 현상 같다고 하는 학자들도 있다. 나라를 이끌어 가야 하는 사회지도층이 백과 흑으로 나뉘고 국민을 쪼개고 또 쪼갠다.

변화의 시대에 변화하지 못하고 아날로그의 틀에 갇혀 앞으로 나아가지 못하는 것 같아 안타깝다.

국민은 통합의 대열을 보고 싶어 한다. 네 편, 내 편으로 가르고, 반대편을 찍어내는 고질적인 폐습이 종식되기를 염원한다. 양측 광장의 대열도 내가 선 대열이 진정한 정의와 공정을 구현하기 위한 대열인지, 아닌지도 성찰해 보아야 하지 않을까.

나는 남아프리카 공화국 최초의 흑인 대통령으로 당선된 후 흑백갈등을 해소한 '넬슨 만델라(Nelson Mandela,

1918년 7월 18일~2013년 12월 5일)'와 같은 위대한 지도자가 우리에게도 나오기를 기대한다.

남아공 백인 정부는 흑인 인권운동과 자유민주주의를 위해 투쟁하는 젊은 만델라를 1962년에 투옥하고 27년 동안 가두어 놓았다. 그동안 가족들은 모진 박해 속에 뿔뿔이 흩어지고 죽기도 했다.

그런데도 1990년 석방된 후 대통령에 당선된 만델라는 복수심에 끓어오르는 흑인 국민에게, 용서하되 잊지 말자며 화해를 요구했다. 그는 갈등, 대결, 보복, 숙청 대신 화해, 타협, 포용, 용서로 과거사를 정리하며, 국론 분열이야말로 국가를 불구로 만드는 병마라고 강조했다.

그리고 남아공 월드컵경기장에서 만델라 대통령은 전임 대통령을 끌어안으며 소리쳤다.

"우리가 바라볼 곳은 미래입니다(We look to the future)."

마침 고 넬슨 만델라 전 대통령의 딸인 '제나니 노시츠웨 들라미니'가 2019년 11월 우리나라에 대사로 부임했다. 좋은 일이 일어나기를 기대해 본다.

낯설지 않은 눈빛

6·25전쟁이 나던 해였다. 집 근처 청량초등학교에 미군이 주둔했다. 동네 어른들끼리 하는 말씀을 엿들으니, 미군은 키가 장대같이 크고 파란 눈에 유별나게 코가 크다고 했다.

어른들은 우리 꼬맹이들에게 학교 근처에는 얼씬도 하지 말라고 엄포를 놓았지만, 아직 학교 문턱도 넘어보지 못한 우리는 몰래 미군을 구경하러 갔다. 듣던 대로 이상하게 생긴 사람들이었다.

대부분 얼굴이 새하얀 군인들이었는데 새까만 군인도

제법 있었다. 가끔 새까만 군인들과 눈이 마주치면 그들도 우리가 신기하다는 듯 씨~익 웃어주었는데 그때 그들의 치아가 유난히 하얗게 빛났다. 그들은 텐트 앞에서 하얀 고기를 손에 들고 찢어서 먹으며 쉴 새 없이 이상한 말로 떠들어댔다.

그들이 먹는 고기가 무슨 고기인지 그것은 알 수 없었다. 어린 눈이지만 좀 야만스럽게 보였다. 그로부터 20여 년이 훨씬 지나서야 그것이 후라이드 치킨이었다는 것을 알았다. 요즘엔 치킨에 생맥주를 마시는 소위 '치맥'이 일반화되었다.

손주들과 함께 아파트 인근에 있는 치킨집을 가끔 간다. 아이들이 치킨을 맛있게 먹는 모습을 보면 문득 그때가 떠올라 물끄러미 바라보곤 한다.

우리 가족은 1·4후퇴 때 피난을 했다. 서울에서 고향인 합천 해인사가 있는 가야면 까지 천 리 길을 걸어갔다. 피난민들로 가득 찬 길가에는 총 맞아 죽은 사람, 얼어 죽은 사람이 눈 위에 여기저기 널브러져 있어도 아무도 신경을 쓰지 않았다.

기차를 타고 가던 미군들이 피난민들에게 먹을거리를 던져주었다. 아이들이 그걸 주우려고 손을 흔들며 그 기차가 달리는 방향으로 뛰어갔다.

나는 경기도 오산에서 허벅지에 총을 맞아 할아버지 등에 업혀 있었기 때문에 초등학교 5학년이던 우리 형이 아이들과 함께 뛰었다. 형은 숨을 헐떡거리며 초콜릿, 껌, 과자를 주워왔고, 재수 좋은 날은 통조림 깡통도 주워왔다.

얇은 캔 속에는 고소한 게 들어 있어 맛있게 먹었는데 수십 년이 지나고 나서야 그것이 땅콩버터였다는 것을 알게 되었다. 나는 그때의 일 때문이었는지 토스트에 딸기잼보다 땅콩버터를 발라 먹는 걸 더 좋아한다.

휴전 후 서울로 다시 돌아왔다. 청량리에서 춘천으로 이어지는 경춘선 철로 위에는 미군이 총을 메고 동초를 섰다. 미군 두 명이 일정한 거리까지 걸어가면 반대편 쪽에서 걸어오는 미군과 만난다. 그러면 그들은 다시 뒤돌아오고 가는 식으로 온종일 왔다 갔다 했다.

철로를 따라 송유관이 이어져 있어 이를 지키기 위해서였다. 우리는 미군만 보면 졸졸 따라다녔다. 그들은 우리를 꼭 '보이 상~, 보이 상~'이라고 부르며 주머니에서 껌이나 사탕을 꺼내주었다.

보이(boy)는 영어고, 상(氏)은 일본말이다. 총을 울러멘 키 큰 미군의 파란 눈은 처음엔 무서웠지만, 자꾸 볼수록 선해 보였다. 우리는 알파벳 A, B자도 모르지만 '기브미'와 '땡큐'는 정확히 알고 있었다.

그들은 아이들이 손을 벌리면 무엇이든 하나씩 주었다. 우리는 계속 손을 벌리면 껌이든 사탕이든 하나는 얻어먹을 수 있다는 것을 알고 미군의 꽁무니를 끝까지 좇아다녔다.

1992년 한중수교가 이루어진 후에 중국 여행을 몇 번 했다. 장가계, 원가계를 관광하고 돌아오는 날 공항이 있는 '장사'라는 도시에서 숙박하게 되어 밤에 아내와 함께 산책하러 나갔다. 길가 야외 음식점에서 양고기꼬치를 한 접시 시켜 캔 맥주를 마시고 있는데, 한쪽 구석에서 눈이 퀭한 한 아이가 우리 테이블을 뚫어지게 보고 있었다.

주인이 아이를 가리키며 우리에게 저런 아이들에게 자꾸 주면 버릇된다며 뭐든지 절대 주지 말라고 당부했다. 나는 반 접시쯤 남은 꼬치를 주인 몰래 은박지에 싸서 얼른 아이 손에 쥐여 주었다.

그런데도 구석으로 돌아가서 계속 우리 쪽을 바라보고 있었다. 저 아이가 알루미늄 맥주 캔을 가져가려고 기다리는 중이라고 옆에 있던 손님이 귀띔해 주었다. 내가 남은 맥주를 단숨에 마시고 캔을 건네주자 그 아이는 눈을 동그

랗게 뜨고 한국말로 '감사합니다'라며 꾸벅 인사를 하고는 사라졌다.

동남아 국가에 골프 여행을 갔다. 해안선을 따라 길쭉하게 조성해놓은 골프장의 내륙 쪽 철조망 담 밖에는 웃통을 벗은 새까맣게 탄 아이들이 골프공을 사라고 소리쳤다. '열 개, 천 원, 열 개, 천 원.' 그들은 우리가 한국 사람이라는 것을 용케도 알아봤다. 그냥 지나치면 더 크게 소리쳤다.

그러면 다시 오리라는 것을 알고 있었던 모양이다. 골퍼들이 공을 잘못 쳐서 바다에 빠뜨리면 그들이 즉시 수영하거나 잠수해서 건져낸 것들로 대부분 상품 가치는 없었다.

우리나라에서 웬만한 새 공은 한 개에 4, 5천 원 정도 나간다. 나는 그 아이들이 '천 원'이라고 외치는 공이 필요한 건 아니지만 한 주머니씩 사며 손을 흔들어 주었다.

'감사합니다'라고 꾸벅한 후 웃으며 쳐다보는 그들의 눈빛이 이상하게 낯설지 않았다.

멍석 효과

고등학교 동창회에서 만난 K 후배는 곧 간통죄가 폐지될 것이라며 아주 좋아했다. 그렇게 되면 모텔을 운영하는 자기 사업이 크게 번창할 것이므로 그때 한턱내겠다는 말도 덧붙였다.

우리나라 형법 제241조에는 '배우자 있는 자가 간통한 때에는 2년 이하의 징역에 처한다. 그와 상간한 자도 같다'라고 규정하고 있었다. 이 법조문을 놓고 학계, 법조계, 사회단체는 오랫동안 폐지와 존치를 놓고 끈질긴 논쟁을 벌여왔다.

폐지를 주장하는 측에서는 부부의 성실의무에 대한 위반은 이혼으로 해결하면 될 사안이지 국가권력이 개인의 이불 속까지 들여다볼 성질이 아니라고 강조했다.

반면에, 존치를 주장하는 측에서는 가정의 기초인 혼인제도를 보호하고 성 문란을 방지하기 위해서는 절대로 필요하다고 했다. 이러한 논쟁은 결국, 2015년 2월에 헌법재판소에서 '간통죄는 성적 자기 결정권, 사생활의 비밀과 자유를 침해해 헌법에 위배된다.'라고 판단해 간통죄가 폐지됨으로써 일단락되었다.

나는 과거 공직에 있을 때 직업상 간통죄를 범한 많은 남녀를 볼 수 있었다. 나는 거기서 좀 기이한 현상을 발견했다.

간통죄로 처벌을 하려면 꼭 배우자의 고소가 있어야 하기에 그 배우자를 만나게 되는데, 남자의 경우 내연녀보다 본부인이 외모나 품위나 언행이 훨씬 더 세련되어 보였고, 반대로 여자도 내연남보다 본 남편이 인물이나 체격이나 인품이 훨씬 더 중후해 보였다.

이런 공통적인 현상을 어떻게 풀이할 것인가, 남녀관계란 참 복잡하고도 미묘하다는 생각이 들었다. 남자의 처지에서 볼 때, 왜 저렇게 아름답고 지적인 부인을 두고 상반

되는 여인에게 목을 매는지 이해를 하지 못했다.

반대로 정말 아름다운 여인이 남편보다 훨씬 떨어지는 남자를 더 사랑한다는 말을 들으면 안타깝기도 했다.

세상을 살다 보니 그런 의문이 점차 이해되었다. 남편과 이혼하고 다른 남성과 살겠다는 한 여인의 이야기를 들으면서 나는 고개를 끄덕였다.

"남편은 밖에서는 능력 있고 예의 바른 사람으로 소문나 있지만, 아내에겐 관심과 배려가 없고, 자만에 빠져 외도를 하는 이중인격자입니다. 가정을 팽개치는데 허우대만 멀쩡하면 뭐합니까? 남편은 전생의 웬수라더니…."

그녀는 하루 벌어 하루 먹고 살더라도, 서로 배려하고 아끼고 사랑하는 사람과 살고 싶다며 한숨을 쉬었다. 이혼하겠다는 어느 남자의 이야기에도 수긍이 갔다.

"아무리 절세가인이면 뭐합니까? 얼굴이 뭐 그리 대단하다고. 남편을 무시하고, 살림을 팽개치고 쏘다니는 데만 정신을 쏟고, 양보라곤 모르는 쇠 고집쟁이를 도저히 용납할 수 없어요. 남편을 이해하고 존중해주는 편안한 여자가 제일입니다."

부부간의 애증은 지극히 주관적이어서 당사자가 아니고서는 함부로 왈가왈부할 수 있는 사안이 아니었다.

요즘에는 '미투 운동(Me Too)'으로 세상이 떠들썩하다. 각종 성 문제로 하루도 조용한 날이 없을 정도로 시끄러워 아이들 보기에 민망할 지경이다.

간통죄가 폐지된 뒤 불륜이 불거져 문제가 되자 당사자들이 위력에 의해서 이루어졌느니, 서로 합의로 이루어졌다느니 하며 법정에서 다툼을 벌이고 있다. 유력 정치인이, 유명한 문화계 중진이, 대학교수가 법정 앞 포토라인에 서 있는 모습을 보게 된다. 새로운 법을 제정해야 한다는 목소리도 커지고 있다.

나는 일찍이 간통죄가 폐지되어야 한다는 편에 서 있었다. 헌법재판소의 판단이 아니더라도 간통죄를 저지른 사람들에 대한 기소율이나 최종 법적인 심판을 받는 비율은 미미했다.

형벌의 기능이 떨어지고 간통죄가 대부분 중간에 합의로 사건이 종결되었다. 어떻게 보면 국가형벌권이 상대 배우자에 대한 복수심을 만족하게 하고 위자료를 받아주는 도구로 악용되는 면이 있었다.

고소하려면 이혼소송이 전제조건이라, 이런 법이 없다면 부부가 다시 화해해서 결혼생활을 유지할 수도 있는데, 이 제도로 인해 완전히 돌아올 수 없는 다리를 건너게 한다고도 생각했다.

물론 불륜은 제도의 문제라기보다 인간의 본능과 욕망, 분노, 애정 결핍, 방치, 자존감 등 복합적인 원인에 의한 것이므로 법을 폐지하든 존치하든 문제는 남을 수밖에 없기는 하지만.

서울 근교 경치 좋은 곳에 우뚝 솟아있는 중세 유럽풍의 건물은 대부분 러브호텔이다. 호텔이면 호텔이지 꼭 앞에 '러브'가 들어갈 필요가 있는 것일까. 한강이 굽이굽이 흐르는 강 상류 아름다운 곳에는 '리버'자가 들어간 러브호텔이 여럿 있다.

또 어떤 유원지에는 '여기까지 와서 왜 그래'라는 알 듯 모를듯한 모텔 간판을 달아놓아 행인들을 웃기고 있다.

간통죄가 폐지되고 나서 일 년쯤 뒤에 후배 K를 또 만났다. 그는 서울 도심과 산수 수려한 교외에서도 모텔을 운영하고 있다. 간통죄가 폐지되면 지금까지 숨죽이며 들락거리던 내로남불의 주인공들이 버젓이 팔짱을 끼고 몰려들 것이라고 김칫국을 마시던 후배다.

요즘 모텔이 미어터지느냐고 물었더니 그는 '아이고 말씀 마십시오. 문 닫게 생겼습니다.'라며 손사래를 쳤다. 왜 그럴까, 전혀 예상 밖이지 않으냐고 했더니 그는 정색하며 참으로 희한한 분석을 내놓았다.

"우리 속담에, 하던 짓도 멍석 깔아놓으면 안 한다는 말이 있지 않습니까? 바로 그겁니다."

그렇다면 간통죄 폐지가 부수적으로 멍석 효과까지 거둔 것이 아닐까.

목욕탕 에피소드

참 기절초풍할 노릇이었다.

여자 목욕탕엘 아무 생각 없이 버젓이 들어가다니! 회사 연수원은 온천으로 이름난 유성 근처에 있었다. 아침에 일어나 간단히 샤워와 세면을 하려고 연수원 내에 있는 목욕탕엘 갔다. 들어가자마자 겉옷을 벗어 옷장에 넣고 막 내의를 벗으려는 순간에 목욕탕 안쪽에서 한 여성이 걸어오고 있었다.

늘씬한 키의 여성은 야리야리한 삼각팬티에 브래지어 차림이었다. 웬 여자가 남자 목욕탕엘 들어왔냐며, 깜짝 놀라 서 있는 나에게 그녀는 '어머머' 하며 뭐라고 소리를 빽 질렀다. 여기가 여자 목욕탕이라는 것이었다.

나는 눈이 화경만큼 커져 아무 소리도 못 하고 옷을 후다닥 걸쳐 입고 뛰쳐나왔다. 아무리 생각해봐도 이상했다. 작년에 왔을 때 분명히 남자 목욕탕이었는데….

관리사무실에 가서 이실직고하며, 도대체 어찌 된 영문이냐고 묻자, 사무실 직원이 이렇게 설명해 주었다.

"네 작년엔 남탕이었죠. 그러나 우리 연수원에서는 양과 음의 조화를 이루기 위해 주기적으로 남탕과 여탕의 위치를 서로 바꿔 줍니다."

아니 무슨 음양은! 난 평생 대중목욕탕엘 다녀봤지만, 남탕과 여탕을 바꾼 목욕탕을 본 적이 한 번도 없었다. 어쨌든 그나마 내가 그날 첫 번째로 목욕탕에 안 간 것이 큰 다행이었다.

제일 먼저 들어가 탕 속에 몸을 푹 담그고 있다가 여성들이 몰려 들어왔더라면 어쩔 뻔했을까. 또 그 여성이 아니었더라면? 나는 알몸으로 탕 쪽으로 걸어갔을 것이고 탕 안에 있었던 여성들로부터 큰 봉변을 당했을 것이다.

작기는 하지만 출입문 위에 걸려있는 '여탕' 간판을 못 본 나의 실수이니 할 말이 없었다. 사람의 실수란 한순간이라더니….

동양에서는 음과 양의 조화를 중요시한다. 사실 세상 만물은 양과 음의 원리에 의해 움직인다. 건전지는 음극과 양극은 서로 끌어들이지만 반대는 서로 밀어낸다. 식물도 양의 기운과 음의 기운이 있다.

사람도 남자는 양이고 여자는 음인데 이 기운의 조화가 목욕탕까지 해당하는지는 정말 모를 일이었다.

독일 본(Bonn)에 출장 갔을 때의 일이다. 동료와 둘이서 여독을 풀려고 공중목욕탕엘 갔는데 하필 그 목욕탕이 남녀 혼탕이었다. 꽤 널찍한 목욕탕이었는데 몸집들이 우람한 청년들과 늘씬늘씬한 젊은 여성들이 바글바글했다.

목욕도 목욕이지만 기왕 들어온 김에 좋은 구경거리라며 여기저기를 두리번거렸다. 목욕탕 한가운데는 규모에 비해 작은 온탕이 있고 칸막이를 한 샤워장이 여럿 있었다. 우선 샤워를 한 후, 땀을 낼 수 있는 싸우나 실로 들어갔다. 큰 유리창을 달아놓은 덕분에 우리는 가만히 앉아서 벌거벗은 독일 사람들의 맨몸을 감상(?)할 수 있었다.

남녀 모두 게르만 민족은 동양인들보다는 우람했다. 그때 날씬한 금발의 젊은 여성이 우리가 있는 싸우나 실로 들어왔다. 그녀는 아무 거리낌 없이 두 다리를 내가 앉아

있는 쪽으로 아무렇게나 뻗고 길게 누웠다. 나는 고개를 오른쪽으로 조금만 돌려 내려다보면 인어공주의 전모를 볼 수 있는데, 용기가 나지 않아 창밖만 뚫어지게 보다가 나오려니 뭘 하나 놓고 나오는 기분이었다.

땀을 흘리고 샤워를 한 후 탕 속에 몸을 푹 담그고 싶은데 도대체 아무도 들어가는 사람이 없었다. 누가 먼저 들어가면 따라 들어가려고 탕 주변을 어슬렁거리며 눈치를 살폈다. 두어 바퀴 슬슬 돌고 있으려니 이상하게 많은 사람의 눈길이 느껴졌다.

그때 목욕탕 안에 동양인은 우리 둘밖에 없었다. 나는 이 사람들이 우리를 구경하는구나 하는 생각이 들어 탕 안에 들어가는 것을 포기하고 샤워 칸으로 들어갔다.

내가 좋은 구경을 하는 게 오히려 구경거리가 되다니. '사람들은 동물원의 원숭이 구경을 한다고 잔뜩 몰려왔지만, 오히려 원숭이가 몰려온 사람들을 보며 즐기고 있다는 것을 생각해 본 적이 있는가.'라는 어느 글이 생각났다.

이럭저럭 목욕탕에 들어간 시간이 두어 시간쯤 되었을까? 짧은 시간이었지만 어느 정도 적응이 되었는지, 이상하게 여성들의 나체가 심하게 낯설지도 않고 그냥 그렇게 덤덤할 줄이야 정말 미처 생각지도 못한 일이었다.

'본'에서 일을 마치고 다음 출장지인 프랑크푸르트로 갔다. 시내에서 조금 떨어진 호텔에 숙소를 정하고 저녁 식사 전에 호텔 목욕탕엘 갔다. 목욕탕엔 아무도 없어 동료와 둘이서 탕 속에 몸을 담갔다가 찬물로 샤워를 하고 또 탕엘 들어가는 식으로 왔다 갔다 했다. 냉탕은 없었다.

잠시 후에 아버지와 아들로 보이는 외국인 두 사람이 들어왔다. 그 두 사람은 탕에 들어갈 때나 샤워를 할 때도 계속 팬티를 입고 있었다. 우리는 참 이상한 사람들이라며 눈짓으로 말했다.

독일 사람이 아닌가? 목욕을 다 하고 나오면서 다시 한번 목욕탕 입구를 돌아보고 깜짝 놀랐다. 독일어와 영어로 써 놓았는데 목욕탕에서는 반드시 팬티를 입고 목욕하라는 안내문이 붙어 있었다.

남녀가 함께 목욕하는 혼탕에서도 실오라기 하나 걸치지 않는데, 똑같은 독일 나라의 남탕에서 팬티를 입으라는 건 또 무슨 이유일까. 같은 나라의 풍속이 왜 이리도 다른지 나는 아직도 모른다. 알려고도 하지 않았지만, 함께 목욕했던 그 아버지와 아들은 우리에게 왜 귀띔이라도 해주지 않았을까. 우리를 좋은 구경거리로 보지는 않는 것 같았는데.

우리 동네 단골 목욕탕의 남탕이 없어졌다. 코로나19의 창궐로 한동안 목욕탕엘 안 가다가 갔더니 손님이 없어 남탕만 문을 닫았다고 한다. 남탕이 있던 자리는 헬스장으로 변해 있었다. 옆 동네 목욕탕을 갔더니 역시 문이 걸어 잠겨 있었다.

목욕탕 가길 좋아하는 나 같은 사람도 2년이나 안 갔으니 문을 닫을만하다는 생각이 들었다. 코로나19 여파로 문을 닫은 업소가 목욕탕뿐만이 아니지만 아쉽기 짝이 없었다. 그래도 여탕은 계속 문을 열었다는데 여성 손님은 꾸준히 있었다는 뜻일까.

목욕탕을 여기저기 찾아다니다가 문득 30년 전에 갔던 독일 본(Bonn) 시내의 남녀 혼탕이 떠올랐다. 한두 시간 있어 봤더니 그것도 별거 아니더구먼.

제 4 부

清風

꼭두새벽의 폭죽놀이

가을이 깊어가는 시월에 모처럼 처남들 내외와 함께 중국 청도로 여행을 떠났다. 5남매 열 명이 오랫동안 별러서 간 여행이다.

산동성 청도는 인천 앞바다 너머에 있는 비교적 가까운 곳으로 그곳에서 새벽에 닭이 '꼬끼오' 하면 그 소리가 인천까지 들린다는 말이 있을 정도로 멀지 않은 이웃 나라 도시다.

첫날 몇 군데 관광하고 저녁 식사 후 호텔 방에 모두 모여 중국 명주를 마시며 이런저런 얘기를 하느라고 늦게 잠이 들었는데 새벽녘 총소리에 깜짝 놀라 벌떡 일어났다. 꼭두새벽에 호텔이 떠나갈 듯 쾅쾅 대포 소리가 나고 '따따따따' 소총 쏘는 소리가 들렸다.

'아이쿠, 이거 무슨 난리가 났구나!' 커튼을 열고 보기가 겁나 벽에 붙어 조심스럽게 커튼을 살짝 비집고 밖을 내다봤다. 캄캄한 밤하늘에 폭죽이 터지고 있었다. 폭죽은 호텔 건너편 고층건물 유리 벽에도 비쳐 형형하게 불꽃 수를 놓았다.

얼핏 나는 이곳이 관광지인지라 관광객들에게 볼거리를 제공하는 줄 알았다. 그래도 그렇지, 잠자는 새벽 시간에 이게 무슨 놀이람.

아침에 가이드로부터 설명을 듣고 또 한 번 놀랐다. 이 호텔에서 오늘 오전에 결혼식이 있는데 중국에서는 결혼식 날 폭죽을 터트리는 풍습이 있다고 했다. 그 규모가 클수록 부잣집 결혼식이라고 했다.

폭죽 규모가 부의 척도라니! 우리나라 같으면 새벽에 이런 일이 일어났다면 이웃 주민들이 난리를 쳤을 것이라고 했더니, 가이드의 말은 여기는 그렇지 않다고 했다.

"폭죽은 결혼을 축하하는 축포이면서 불꽃과 소리가 그 주변의 모든 악귀를 쫓아버리기 때문에 주민들도 잠을 깰망정 개의치 않습니다."

때는 천고마비 계절의 토요일이어서인지 낮에도 여기저기서 폭죽 터지는 소리가 연이어 들렸다. 규모로 보아 오늘 새벽에 호텔에서 폭죽을 쏘아댄 혼주는 상당한 부자인 것으로 판단되었다. 오후에는 폭죽 소리를 못 들었는데, 오후에 폭죽을 터트리는 혼인은 재혼이라고 했다.

불꽃과 소리, 곰곰 생각해보면 중국만 그런 것이 아니지 싶었다.

우리나라도 옛날에 집에 우환이 있거나 액땜을 하기 위해 무당이 폭죽은 아니지만 불을 뿜고 소리를 내는 굿을 했다. 나도 우리 동네에서 굿 장면을 몇 번 본 적이 있었다. 부잣집에서는 북, 꽹과리, 징, 바라 같은 악기를 총동원해서 악귀를 쫓아내는 굿을 요란하게 했다. 불도 한몫했다.

무당이 화약을 만들어 불꽃놀이 하듯 했으니 지금 생각해도 그 지혜가 대단하다. 시골에 사는 큰 처남이 직접 보았다는 무당의 불꽃 화약 제조법은 이러했다.

먼저 늙은 소나무의 두툼한 껍질을 낫으로 베어 바구니에 잔뜩 담아와 절구에 빻은 후 가마솥에 넣고 볶는다. 그 다음에 그것을 곱게 빻아 채로 거른다. 밀가루같이 고운 가루가 화약의 기능을 한다.

무당은 한 손에 횃불을 들고 굿을 하다가 밀가루같이 된 소나무껍질 가루를 한주먹 쥐어 횃불에다가 홱 뿌린다. 순간적으로 허공에 번쩍번쩍 불꽃이 튄다. 불과 소리는 악귀를 쫓는 것이니 중국판 풍습과 비슷한 이치리라.

그러고 보면 농악대가 정초에 동네 집마다 찾아가 부엌, 화장실, 창고 등에 일일이 '쿠장창창' 하는 것도 악귀를 쫓으려는 게 아닐까.

여의도 둔치에서 매년 열리는 한강 폭죽도 그 정도의 규모라면 우리나라 악귀라는 악귀는 몽땅 쫓아버릴 만한데 그렇지도 못한 모양이다. 여의도 불꽃놀이가 있는 날에는 여의나루 인근은 인산인해를 이룬다.

제대로 폭죽을 즐길 수 있는 명당에는 새벽부터 텐트를 치고 기다리는 실정이고, 조망하기 좋은 음식점은 오래전에 예약이 모두 동이 난다고 한다.

요즘 우리나라 국민이 너나없이 고통을 겪고 있다. 코로나19로 영세 자영업자들은 문을 닫고, 집값은 다락같이 올라 청년들이 결혼을 회피하고, 물가는 대책 없이 올라 서민은 하루 살기가 힘든 지경이다.

그런데도 정치인들은 당리당략에 눈이 멀어 민생은 팽개친 채 국민을 지역별, 계층별, 나이별로 쪼개고 또 쪼개는 식의 편 가르기로 날을 새고 있으니 선량한 백성들만

죽을 지경이다.

북한은 핵무기로 국민의 생존을 위협하고 국제 정세는 날로 미묘해지고 있다. 이러할 때 국민이 똘똘 뭉쳐 이 난국을 극복하여야 함에도 '너 죽고 나 살자' 식의 정치를 하고 있으니 통탄할 일이다. 정치인들이 무슨 악귀에 씌운듯하다.

일부 종교인들도 엉뚱한 짓을 하는 걸 보면 마귀에 홀린 듯하다. 폭죽이 정말로 악귀를 쫓아낸다면 온종일 쏘아댄들 무엇이 아까우랴 싶다.

젊어지고 싶나요

지난겨울 동네 목욕탕에서 있었던 일이다. 온탕에 몸을 푸욱 담그고 있는데, 다리가 휘청거리는 노인 한 분이 젊은이의 부축을 받으며 뿌연 수증기 속을 걸어오고 있었다. 노인을 부축했는데도 온탕의 턱을 넘지 못해 내가 벌떡 일어나 다른 한쪽 팔을 부축해 넘어오시게 했다.

팔을 잡는 순간 근육은 별로 없고 뼈대만 잡혀 힘을 주면 어깨관절이 잘못될까 봐 조심조심 붙잡았다. 영감님이 큰 숨을 한번 내쉬며 엉거주춤하다가 겨우 탕 속에 몸을 담그고 나서 나를 쳐다보며 인사를 했다.

"아이고, 고맙습니다."

"별말씀을요. 안색이 아주 좋으십니다."

내 말이 떨어지기가 무섭게 영감님은 마치 기다리기라도 했다는 듯이 환하게 웃으며 말했다.

"그렇지요? 남들이 다 그렇게 말해요. 아직도 나를 내 나이보다 훨씬 젊게 본다니까요."

순간적으로 말문이 콱 막혔다. 사실은 안색이 좋기는커녕 야윈 얼굴 여기저기에 시커먼 저승꽃이 도드라지게 피어있고, 가슴이고 팔다리건 간에 뼈만 앙상해 똑바로 바라보기가 민망할 지경이었다.

그래도 안색이 좋다고 말한 것은 영감님이 혹시라도 무안해할까 봐서 선수를 친 것이다. 그런데도 영감님은 자신이 아직은 그렇게 늙어 보이지 않을 뿐만 아니라 마음도 청춘이라며 자꾸 말을 걸어왔다.

나이 드신 어르신에게 신수가 훤하다고까지는 않더라도 안색이 좋다는 정도로 인사를 하는 것은 어쩌면 예의일는지도 모른다. 나도 가끔 후배들로부터 '형님은 나이를 거꾸로 드시나 봐요'라는 소리를 들을 때면 '뭐얼' 하고 빼면서도 기분이 좋은 건 어쩔 수 없으니까.

이런 경우도 있었다. 어느 날 오후 전철에 앉아서 신문을 펼쳐 보고 있는데 옆에 앉은 사람이 신문기사를 힐끔힐끔 훔쳐보며 '진보'가 어떻고 '보수'가 어떻다며 혼자 한참 동안 구시렁거렸다. 얼핏 고개를 돌려보니 오십 대 중후반쯤 되어 보이는데, 넥타이는 반쯤 풀려있고 낮술을 한잔했는지 얼굴이 벌겋게 달아있었다.

모른 척하고 신문만 보고 있었더니 나중에는 나를 힐끗 쳐다보며 '할아버지, 그렇지 않습니까?'라고 하는 것이 아닌가. 뭐가 그렇지 않은지는 몰라도, 할아버지라는 소리에 기분이 상해서 인상을 팍 쓰고 신문을 구겨 가방에 넣어버리며 입속으로 중얼거렸다.

"내가 할아버지면 저도 곧 할아버지 대열에 들어가겠구먼, 할아버지라니!"

더구나 그날은 문학회 행사가 있어서 머리 단장을 하고, 신경 써서 고른 물방울 넥타이 차림에 아로마틱 향이 은은하게 풍기는 향수도 약간 뿌린 터라 부아가 더 치밀었는지도 모른다.

그러나 곰곰이 생각해보면 성질을 낼 일은 아니었던 것 같다. 목욕탕에서 내가 영감님이 하시는 말을 듣고 실소했듯이, 그도 내 행동을 보고 십중팔구 그랬을 것이기 때문이다. 아무리 백세시대라곤 하지만 나이 들면 도리 없이 먹은 만큼 보이기 마련인 것을 어찌하랴.

늙어 보이는 것이 싫다는 노인들에게, 그러면 젊은 시절로 다시 돌아가고 싶으냐고 물어보면 의외로 다시 돌아가고 싶지 않다고 하는 사람들이 많다고 한다.

"그 고생스러운 인생을 왜 또 살겠어요?"

나도 그러기에 이젠 여유를 갖고 나이에 걸맞은 멋을 부리고 싶다.

최근엔 좀 별난 결심을 했다. '오늘 할 일을 내일로 미루자'이다. 나이 들어 별것도 아닌 일로 '바빠서 과로사하게 생겼다'라는 말을 입에 달고 사는 것이 그다지 좋아 보이지는 않아서다.

세상은 젊어지고 있다. 칠순을 넘긴 노인도 장년이라고 어깨를 편다. 노인 성범죄가 빈발하는 걸 보면, 또 다른 실버 '미투(Me Too)' 문제가 사회문제로 등장할지도 모른다. 성범죄가 아니더라도 노년의 성 문제는 이래저래 심각하다. 사흘이 멀다고 전화를 하는 친구가 있다. 그 친구는 하늘이 무너지기라도 하는지 한숨을 내쉬며 하소연을 한다.

"이렇게 살아서 뭐하나."

"왜 또?"

정력이 옛날 같지 않아 세상 살맛이 나지 않는다며, 꺼져

가는 불꽃을 살리려는 그의 자조적인 목소리는 사뭇 처연하다. 그가 나에게 그토록 자주 전화를 하는 것은 내가 그의 한숨과 탄식을 끝까지 들어주기 때문이다. 사실 그의 한숨은 그만의 한숨이 아니다.

'안셀롬 그륀(Anselm Grün)' 신부는 그의 저서《황혼의 미학》에서, "노년에는 성에서 자유로워야 한다. 노년에도 성과 성애(性愛)는 삶에 기쁨이 되는 중요한 원천이다. 그러나 성에 집착하거나 음탕해서는 안 되며, 성의 본질을 새롭게 발견해야 한다. 쾌락과 기쁨뿐 아니라 다정함, 친근함, 아늑함으로 가득 찬 사랑을 하면 새로운 깊이에 도달할 수 있다."라고 했다.

어느 스님은 멋지게 늙으려면 말을 적게 하고, 그래도 말을 많이 하고 싶으면 염불을 하라신다. 경청이 노년의 덕목이다. 몇 년 전에 타계한 L 그룹의 총수 사무실 벽에는 '경청(傾聽)'이라는 편액 하나만 걸려있다고 해서 화제가 된 일이 있다.

기업은 이윤을 추구하는 조직이므로 당연히 그와 관련한 명구가 걸려있을 법한데 경청이라니 참으로 신선하고 존경스럽다.

지혜롭게 노년을 준비하고, 세상을 웬만큼 살아본 사람

은 노년의 인생을 예찬한다. 인생의 진정한 황금기도 젊었을 때가 아니라 노년의 어느 기간이었다고 술회한다.

96세까지 장수하며 경영학의 아버지로 일컬어진 '피터 드러커(Peter Ferdinand Drucker)' 박사는 66세부터 86세가 황금기였다고 술회했으며, 백수를 넘기신 철학자 김형석 교수는 60세부터 75세 사이라고 회고했다.

요즘 나는 주변을 둘러보며 김 교수보다는 피터 드러커 박사에게 한 표를 던지고 싶다.

"젊어지고 싶나요?"

이 물음에 대한 답은 각자의 몫일 것이다.

박 노인이 살만했던 때

마을 맨 끄트머리 집에 사는 팔순을 훨씬 넘기신 박 노인은 간간이 땅이 꺼질 듯, 한숨을 내쉬며 말했다.

"할망구는 지지리 복도 없는 사람이었어. 쥐뿔도 없는 내게 시집와서 평생 쎄빠지게 고생만 하다가, 살만하니까 저세상으로 갔어."

돌아가셨다는 할머니는 내가 재작년에 뵈었을 때만 해도 건강하게 마실을 다니던 분이었다. 키가 작고 깡마른 체구에 목소리가 카랑카랑해 성질깨나 있어 보였다.

"아주 건강해 보이셨는데 어쩌다가…?"

"아니야, 고생을 많이 해서 항상 골골했어. 기관지와 목이 약했고 나중에는 오만 군데가 다 나빠져 어떻게 손을 쓸 수가 없게 돼 버렸어."

그러고 보니 그때 카랑카랑했던 목소리 속에는 쉰 소리와 쇳소리도 조금은 섞여 있었던 것 같았다. 나는 박 노인이 '살만하니까 저세상으로 갔어'라는 넋두리 속에서 '살만하니까'라는 말에 자꾸 궁금증이 생겼다. 아무리 봐도 뭐 살만한 그 무엇을 본 적이 없었기 때문이다.

"형편이 옛날보다 좋아지셨나요? 자제분들이 많이 도와주시나 보죠? 자녀는 몇 분이나 되나요?"

나는 그 '살만하니까'의 궁금증을 풀려고 쉬지도 않고 물었다. 박 노인은 이 산골에서 논 한 마지기 없이 째지게 가난하게 살았고, 집도 몇 년 전에 겨우 작은 조립식 주택을 한 채 마련했을 뿐이었다.

내 물음에 그는 고개를 가로저었다. 1남 3녀 모두 혼인시켰지만, 저희 새끼들하고 먹고살기도 빠듯한데 어떻게 도움을 줄 수 있겠느냐고 했다. 아들은 남의 논을 부치며 근근이 살고 있고, 가끔 며느리가 반찬을 해오긴 하지만 며칠 지나면 미끌미끌해져 버리기 일쑤라고 했다. 딸들은 먼 도시로 시집가 살지만, 형편상 도저히 도움을 기대할 수 없다고 했다. 그렇다면 팔순이 넘어 농사를 지을 수 없고 자식들 도움도 없는데 어떻게 '살만하니까'란 말이 나왔을까.

그는 산골 가난한 집에서 태어나 학교 문턱도 넘지 못하고 남의 집 머슴살이를 하던 중에 6·25전쟁이 터져 육군에 입대했다. 소총수로 최전방에 배치되어 인민군과 싸우고 중공군과도 싸우면서 몇 번이나 죽을 고비를 넘겼다. 부상 없이 휴전을 맞았다.

제대할 때가 되었지만 그는 장기복무를 신청했다. 집에 가봐야 머슴살이밖에 할 일이 없었기 때문이었다. 몇 년 동안 직업군인 생활을 했지만, 일자무식으로 승진을 바라볼 수도 없어 고향에 돌아와야겠다고 마음먹고 제대했다.

그때부터 건넛마을 김 부자 댁의 농토를 꽤 오래 관리해 주고 있었는데 나이를 먹을수록 너무 힘이 들어 버티지 못하고 나왔다. 그는 관리라는 말만 했지 그 지긋지긋한 머슴이라는 용어는 절대 사용하지 않았다.

그 집에서 나와 남의 빈집에 살면서 남의 농토를 부쳐가며 그럭저럭 자녀들 시집, 장가도 보냈다. 보낸 게 아니라 자식들이 알아서 갔다. 자식들이라고 제대로 가르치지 못해 잘 살 것이라는 기대도 하지 않았다.

그러던 중 나라 살림이 좋아져 국민기초생활 보장 수급

자가 되어 나라에서 30만 원을 받고, 기본 노령연금 9만 1,200원, 6·25 참전 수당 9만 원 등을 합해 한 달에 50여만 원의 수입이 생겼다. 노년에 늙은 할머니와 둘이서 그런대로 재미나게 살게 되었다. '살만하니까'의 실체는 바로 그 50만 원이었다.

그런데 날벼락이 떨어졌다. 알토란처럼 받아쓰던 기초생활보조금 30만 원을 못 받게 되었다. 법이 개정되어 홀몸노인이라도 수입이 있는 자식이나 사위가 있으면 못 받게 된 것이다. 이제는 20만 원으로 겨우 입에 풀칠한다고 했다. 점심은 경로당에 가서 1,000원을 내고 먹는데 경로당도 이젠 힘에 부쳐 다니기 힘들다고 한다.

"자식들이 있어도 전혀 도움을 못 받고 있는데, 실제 형편을 조사도 하지 않고 무조건 지원을 끊어버리면 없는 놈은 죽으라는 정치 아닙니까? 목숨을 걸고 나라를 지킨 참전용사보다, 잘 먹고 잘사는 이런저런 유공자라는 사람들이 훨씬 나라의 혜택을 더 받고 있으니…."

그는 기초노령연금은 어느 대통령 때부터, 6·25 참전유공자 명예수당은 어느 대통령 때부터 등 정책을 시행했던 대통령을 정확히 기억하고 있었다.

일제 강점기 시대에 산골 가난한 집에서 태어나 어린 시절부터 머슴살이만 하던 박 노인, 6·25전쟁 때에는 전선에서 총을 들고 목숨을 걸고 적과 싸웠던 박 노인, 그는 늘그막에 아내마저 저세상으로 떠나버리자 이젠 삶의 의미를 모두 잃어버린 듯했다.

"하루가 이렇게 지루할 수 없어…."

최근 자료에 의하면 우리나라 노인의 삶은 OECD 국가 중에 최악인데, 절망에 빠진 75세 이상 노인들이 10만 중 160.4명꼴로 자살을 선택하고 있다고 한다. 또 상당수의 노인이 자녀와 주변의 학대에 시달리고 있다고도 한다.

위정자들은 온갖 복지를 부르짖고 있지만, 정작 국민의 가려운 곳을 긁어주지 못하고 있다. 국민의 피땀이 배인 세금을 걷어 엉뚱한 곳에 쏟아붓기 일쑤다. 국민을 위한다는 그들이 진정 국민을 위한 정치를 할 수 없을까.

박 노인의 '살만했던 때'는 그의 생전에 다시 오지 않을 것 같아 안타깝다.

그해 겨울

새해 아침이다. 까까까 까악! 까치의 울음이 새벽공기를 흔든다.

일일지계(一日之計)는 재어인(在於寅)하고, 일년지계(一年之計)는 재어춘(在於春)하며…. 새해 각오를 다시 한번 확인해 본다. 그런데 예년과 달리 올 정초에는 솟아오르는 붉은 태양도 새롭게 느껴지지 않고 테너 소리 같던 까치 소리도 처연하게 들린다.

죽마지우 Y 군의 갑작스러운 죽음 때문이었다. 동대문 밖 이문동 기찻길 옆 동네 '독끼말'에 살았던 그는 초등학교 동창으로 칠십 년 지기이다.

독끼말이라는 지명은 '도꼬마리'라는 약용식물이 동네 주변에 지천으로 널려있는 데서 유래했다고 한다. 우리 동네 '이문 안' 친구들과 '독끼말'의 친구 등 열다섯 명은 오래전부터 정기적으로 모임을 하며 옛날 옛적 케케묵은 이야기로 추억을 되살리곤 한다.

중랑천에서 멱을 감고 모래무지를 잡던 얘기(그 후 오염으로 먹물 천이되었다가 요즘은 다시 붕어, 송사리 떼가 물장구를 친다), 한겨울에 미나리꽝에서 썰매 타다 얼음이 꺼져 물에 빠진 얘기, 구멍 숭숭 뚫은 깡통에 불을 피워 젖은 옷을 말리다가 태워 먹은 얘기, 도시락을 못 싸고 끼니를 거르던 얘기 등 보따리를 풀면 한도 끝도 없다. 어쨌든 그동안 세상을 걸어온 길은 각각 달랐지만, 이젠 잘 날것도 못날 것도 없는 그런 친구들이다.

작년 여름쯤이었다. 병원에 입원한 그는 금방 퇴원할 거라며 번거로우니 문병도 오지 말라고 했다. 전화 목소리도 밝고 여전하기에 그런 줄 알았다. '털털한 성격에 친구 좋아하고 낙천적인 그에게 병이 온들 오래 붙어 있지 못하겠지.'라는 생각도 들었기에 마음을 놓았다.

그 후 연말에 퇴원해서 집에 있다는 소식을 듣고 전화를 했다가 소스라치게 놀랐다. 밝고 힘찼던 목소리는 간데없고 모깃소리로 간신히 말을 하고 있었다.

"친구야, 의사가 안 된단다. 어쩌면 좋으냐?"

그는 처음 입원할 때는 별것 아닌 줄 알았는데 나중에 알고 보니 아주 못된 암이었다고 말했다. 나는 가슴이 덜커덩 내려앉았다. 갑자기 무슨 말을 해야 할지 생각도 나지 않았다. 숨을 한번 크게 쉰 뒤에 '그래도 희망을 품고 용기를 내야지, 알겠어?'라고 다그치자, 그러겠다고 힘없이 대답했다.

어렵사리 몇 마디 대화하고 전화를 끊을 때쯤 그가 던진 한마디가 나의 폐부를 찌르며 나를 더욱 허탈하게 만들었다.

"친구야, 어떻게 좀 해봐."

우리나라 최고 권위의 전문의사가 포기한 생명을 내가 어떻게 할 수 있단 말인가. 그 한마디가 계속 귓전을 때렸으나 내가 기껏 할 수 있는 일이라곤 쾌유를 비는 기도와 친구들에게 연락해서 함께 병문안하러 가는 맥 빠진 일뿐이었다.

통화한 이틀 후에 여러 친구와 집으로 문병하러 가려고 했더니 가족들이 그를 경기도의 어느 호스피스 병동으로 이송했다고 다른 친구가 알려왔다.

친구는 젊은 시절에 운수회사 임원으로 오랫동안 재직하면서 열정적으로 일했다. 덕분에 퇴직 후에도 그런대로 먹고살 만했다. 재작년에는 지금까지 살던 집을 팔고 인근에 살림집도 겸한 작은 빌딩을 지었다.

앞으로는 집세만 받아도 노후 걱정 없이 살게 되었다며 술자리에서 잘 부르지도 못하는 노래까지 흥얼거리며 좋아했는데, 이제 친구는 다시 돌아오지 못할 그 집을 떠난 것이다.

그의 아내는 공기 좋고 시설이 좋은 곳을 골랐다고 했다. 며칠 후 우리는 호스피스 병동을 물어물어 찾아 들어갔다. 듣던 대로 깊은 산중에 있는 건물로 규모도 크고 좋아 보였다.

안내대에서는 6호실을 가르쳐주며 그 방에는 두 분의 환자가 있다고 했다. 6호실 출입문 위쪽에 붙어 있는 이름표를 확인한 후 조심스럽게 문을 열고 들어갔다. 첫 번째 침대에 반쯤 누워있는 체구가 왜소한 환자는 우리 친구가 아니었다. 커튼 안쪽의 창문 쪽 침대에 누워있는 환자가 우리 친구이지 싶어 자세히 살펴봐도 역시 우리 친구가 아니었다.

이상하다며 일행 여섯 명이 돌아 나오려고 하는데 마침 그의 부인이 들어왔다. 친구 부인에게, 친구가 어디 있느냐고 물으니, 여기 있지 않으냐고 했다. 첫 번째 침대에 비스듬히 누워있는 환자가 우리 친구였다.

이럴 수가, 사람이 변해도 이렇게 변하다니! 몸은 작아질 대로 작아지고 머리도 어린아이 머리만큼 작아졌다. 피골이 상접해 눈을 어디에도 두기가 민망했다. 이름을 불러도 눈의 초점을 잃은 친구는 눈만 껌벅거릴 뿐 아무런 반응을 보이지 않았다.

나는 할 말을 잃고 온몸에 힘이 빠져 그냥 바닥에 털썩 주저앉고 싶었다. 어느 정도 각오는 하고 왔지만, 이 지경이 되었으리라고는 꿈에도 생각하지 못했다.

부인의 말에 의하면, 이 큰 시설에 죽음을 기다리는 말기암 환자들이 꽉 차 있다고 했다. 어린 소녀가 있는가 하면, 한때 날리던 연예인도 있다고 했다. 어느 고위층 인사였던 분은 아내 외에는 아무도 못 오게 하며, 혼자서 담담하게 죽음을 맞이하고 있다고도 했다.

나는 작은 병에 담아온 성당의 성수를 친구의 머리 위에 뿌리고 조용히 기도했다. 병을 낫게 해달라고 기도하지 않았다. 죽음의 공포에서 벗어나게 하시고 고통 없이 떠나도록 해달라고 기도했다. 그리고 나는 용서를 빌었다.

"친구야, 내가 자네를 위해서 할 수 있는 일이라곤 아무

것도 없네. 용서하게."

그냥 눈을 뻔히 뜨고 떠나보내야 한다니, 참으로 허무하고 허무했다. 우리 나이쯤 되면 삶과 죽음이 다르지 않다고 깨닫게 된다지만, 그거야 초월자들의 이야기이지 우리 같은 보통사람들이 어찌 터득할 수 있으랴.

문병하러 다녀온 며칠 후 새해 벽두에 부고를 받고 장례식장 그의 영정 앞에 섰다. 나에게 '어떻게 좀 해 보라.'라던 친구는 이제 모든 걸 다 털어버린 듯 천연스레 사진 속에서 웃고 있었다. 빈소의 술잔에 넘치도록 술을 부었다.

"친구야, 뭣이 그리 급하노…."

올겨울은 왜 이리 길고 더 추운지 모르겠다.

밀어붙여

아이들이 초등학교에 다닐 때, 학교에서 가훈(家訓)을 써 오란다며 우리 집 가훈을 물은 적이 있었다. 성실·근면·노력이라든가 창의·정직 같은 가훈 감은 이미 학교 교훈이나 급훈으로 칠판 위에 걸렸고, 가화만사성(家和萬事成)도 옛날이발소에서 실컷 본 것들이라 쓰기가 민망했다. 아이들에게 써줘서 보내긴 했는데 무엇이라고 써줬는지 기억이 나질 않는다.

얼마 전에 성깔깨나 있는 후배와 만난 자리에서 가훈 얘기가 나왔다. 삼 남매를 둔 그는 자신의 성질이 급하고 고약해, 자기도 고칠 겸해서 가훈을 '화내지 말자'로 정했다고 했다. 그리곤 서예가에게 부탁해 쓴 가훈을 액자에 넣어 잘 보이는 거실 벽에 걸어놓았다고 했다.

나는 그 말을 듣고, 가훈은 좀 격조가 있어야 하는데 그건 가훈치고는 좀 가볍지 않으냐는 생각을 했다. 그러나 한편으로는 허울 좋은 구호에만 그치는 가훈이 아니고 지극히 실용적인 가훈이라는 생각도 들었다.

가족이 모두 화를 내지 않는 가정이라면 구태여 가화만사성을 들먹일 필요도 없지 않은가. 또 화(禍)로 인한 질병도 생기지 않을 것이고….

사람이 화를 내면 수십만 개의 뇌세포가 파괴된다고 한다. 짜증도 사람의 체질을 산성으로 만든다고 하는데, 산성은 만병의 원인이라고도 한다. 요즘 늘어나는 정신질환이나 치매도 그래서일까.

베트남 출신 명상가이자 평화운동가인 틱낫한(Thich Nhat Hanh, 1926~2022) 스님은 그의 저서 『화』에서 이렇게 역설했다.

> 화를 품고 사는 것은 마음속에 독을 품고 사는 것과 같다.

닭이 최신 시설을 갖춘 대규모 농장에서 걸을 수도 없고, 뛸 수도 없고, 늘 비좁은 우리에 갇혀 주는 모이만 먹고 자란다. 닭이 알을 더 많이 낳게 하려고 농부는 인공적으로 밤과 낮을 만들었다. 조명등을 이용해서 낮을 짧게 만들고 밤을 길게 만들면 닭은 그새 24시간이 지난 것으로 믿고 또다시 알을 낳는다.

그런 악순환을 반복하는 사이 닭은 결국 엄청난 화와 좌절의 고통을 안게 된다. 그 달걀을 먹을 때 우리는 그 화와 좌절을 먹는 셈이 된다.

……(중략)…… 우리는 화가 난 암소에게서 짠 우유를 마셔서는 안 된다.

그는 화를 다스리기 위해서는 마음의 평화를 얻는 지혜가 필요하다며, 심지어 화가 들어 있는 채소를 먹어서도 안 된다고 한다. 곰곰이 생각해보면 예전에 없던 AI(조류인플루엔자)나 구제역이라는 병도 그래서 생긴 게 아닌가 하는 생각이 든다.

사람도 화가 잔뜩 쌓인 소나 돼지, 닭고기를 먹다 보니 스트레스가 쌓여 예전에 없던 병들이 생겨나는 게 아닐는지.

옛날 백정은 소를 잡을 때 끌려가지 않으려고 울부짖는 소를 억지로 끌고 가서 마구잡이로 잡지 않았다고 한다. 소를 잡기 전에 백정이 소에게 물을 뿌려 목욕을 시키면서 소의 귀에 대고 조용히 사정을 말하면, 소도 순순히 운명을 받아들였다는 얘기가 있다. 물론 소에게 고통을 주지 않으려고 백정은 정신을 가다듬어 단번에 처치했다는데, 어쩌면 인정사정없을 것 같은 백정이 생명에 대한 경외심이 깊었던 것 같다.

백정은 상투를 틀지 못하고 비녀를 꽂지 못하며, 부모가 죽어도 상여를 쓸 수 없고 상복을 입지 못하는 등 온갖 천대와 멸시를 받았다. 그렇지만 화를 품고 살생을 하지 않았으며, 짐승에게도 화가 쌓이지 않게 자연의 순리를 따르게 했다니, 그들이 참 자연인이 아니었을까.

나는 아직도 똑 부러지게 가훈을 짓지 않고 있다. 짓고 싶은 가훈이 어디 한두 가지인가. 우리 집안에는 재미있는 가훈 비슷한 게 하나 있긴 하다. 우리 7남매의 직계 가족이 모두 모이면 오십 명이나 된다.

가족 행사가 있어 다 함께 술이든 음료수든 건배를 할 때는 구호 끄트머리에 꼭 후렴처럼 '밀어붙여!'라고 소리를 지른다. 자식들이 부모 세대를 뛰어넘어 좀 더 패기 있게 비상하라는 주문이다. 가을 단풍으로 물든 강화도에서 열린 가족 야유회에서도 외치고, 올 추석 차례를 모신 후에도 소리 높여 외쳤다.

"위하여, 위하여, 위하여, 밀어붙여!"

몇 년 전 김난도 교수의 저서『아프니까 청춘이다』가 베스트셀러가 된 적이 있었다. 요즘 청춘들은 우리 세대보다는 세상살이가 훨씬 더 좋아진 줄 알았는데, 세세히 들여다보면 그렇지 못한 것 같아 안타깝다.

오죽했으면 '아픈 세대'라고 할까. 청년 일자리, 결혼, 육아 같은 문제도 녹록하지 않다. 정부의 온갖 장밋빛 정책들은 공염불 같고 남의 다리 긁는 것 같다.

그건 그렇다 하더라도 청춘은 청춘 아닌가? 그러기에 우리 아버지들은 '너희만 아프냐? 우리도 아프다'라며 자식들에게 용기와 힘을 실어주려고 술잔을 높이 들고 '밀어붙여'를 외쳐대는 것이다.

우리 나주임씨 대종중의 종훈(宗訓)은 청고근졸(淸高謹拙)이다. '심지는 청백하고 고상하게 하며 처신은 삼가고 겸손하게 하라.' 훌륭한 종훈이지만, 아이들에게는 좀 어려운 글귀이다. 나는 요즘 가족 모임에서 '감사할 줄 알면 행복하다, 기뻐할 줄 알면 행복하다.'라는 말을 자주 한다.

지극히 평범한 말이지만 이 이상 복 받을 말이 어디 있겠는가. 감사할 줄 모르고 기뻐할 줄 모르는 사람만큼 불쌍한 사람은 없으리라.

상주 노릇

영산홍과 철쭉이 만개한 어느 봄날이었다. 저녁 외출 중에 아내의 급한 연락을 받고 서둘러 집으로 돌아왔다. 아내는 '나나'가 이상하다며 하얗게 질려있었다. 나나는 열일곱 살 된 애완견으로 마르치스 종이다.

'나나'라는 예쁜 이름은 입양 전부터 불러온 이름으로 우리도 그냥 그대로 불렀다. 아내는 평소에 나나를 아기 돌보듯 먹이고 씻겼는데 거실 바닥에 쓰러져 간헐적으로 괴성을 지르는 나나가 무섭다며 문 뒤에 숨어서 빠끔히 내다보기만 했다.

나도 갑자기 당한 일이라 어떻게 할지 몰라 망설이다 녀석을 두꺼운 수건에 싸서 안았다. 그때 토끼 똥 같은 작은 똥 몇 덩이가 거실 바닥에 떨어졌다. '아! 이제 명을 다 했구나.' 이 정도면 안락사시켜야 하겠는데, 아내에게 그 말을 선뜻 꺼낼 수 없었다.

순간의 침묵이 흐르자 아내는 내 눈치를 보며 아주 작은 목소리로 병원에 가봐야 하지 않겠느냐고 말했다. 안락사를 시켜야 하지 않겠느냐는 뜻으로 받아들였다.

나는 녀석을 싸안은 채 동물병원으로 향했다. 자정이 조금 지나서였다. 아내는 무섭다며 따라나서지 않았지만, 나는 아무 말도 하지 않았다. 크지 않은 동물병원인데도 야간 당직 수의사가 있었다. 수의사가 녀석의 병세를 살펴보더니 치료를 포기하라면서 안락사는 어떻게 하며 비용은 얼마라는 등 친절하게 설명했다.

녀석은 이미 심장, 방광, 눈, 귀, 치아가 망가져 심각한 상태였다. 안락사시키기로 하고 녀석을 진찰대 위에 조심스럽게 눕히려는데 몸이 축 늘어져 있었다. 나나가 늙기는 했지만, 원체 영악했던 녀석이라 절체절명의 순간에도 주인 가슴을 아프게 하지 않으려고 지레 가버렸나 하는 생각에 가슴이 먹먹했다.

수의사와 장례 절차를 논의했다. 수의사는 구청에 신고하면 사체를 폐기물로 취급해서 비용을 들이지 않고 소각처리할 수 있다고 했다. 나도 수의사의 말을 귀담아듣지 않았지만, 아내에겐 차마 그 말을 전할 수 없었다.

사실 나는 이 녀석이 죽으면 묻어 줄 만한 장소를 이미 봐 둔 곳이 있었다. 집에서 두어 시간 걸리는 산 중턱 거북바위 아래 진달래가 소복한 양지바른 곳이었다.

그러나 아내의 태도는 천만의 말씀이었다. 화장장에서 정중하게 장례를 치러주자고 했다. 나는 아내로부터 인정머리 없는 사람이란 소리를 듣지 않기 위해서라도 아내의 의견을 따를 수밖에 없었다.

일단 시신을 관에다 넣어 아침까지 병원에 두기로 했다. 관이래야 두꺼운 종이상자에 불과했다. 한밤중에 병원의 도움을 받아 애견 장례식장을 수소문했다. 다행히 서울 외곽에 시설 좋다는 식장과 연결이 되었다.

아내는 장례식장에도 무서워 못가겠다고 해서 새벽이지만 인근에 사는 아들을 호출했다. 자동차의 내비게이션을 따라 새벽 공기를 가르며 한 시간 남짓 달렸다.

예약시간에 장례식장 현관에 도착하자 까만 정장을 한 여직원이 흰 장갑을 끼고 예의 바르게 거수경례를 했다. 여직원은 자동차 트렁크에 실린 관을 조심스럽게 꺼내 들고 식장으로 들어가서 안치대에 놓은 뒤에 나에게 물었다.

"애견에게 수의를 입히시겠습니까?"

나는 시큰둥하게 반문했다.

"수의도 입히나요? 지금 바로 화장할 텐데 무슨 수의가 필요하겠습니까?"

화장료만 해도 만만하지 않은데, 또 비싼 수의까지 권하다니. 아무리 애견 천만 시대가 넘었다지만 좀 심하다는 생각이 들었다.

장의사는 녀석을 흰 한지로 염을 하고 그 위에 국화 한 송이를 올린 후 화장로로 들어가야 하니 마지막 이별식을 하라고 했다. 하얀 국화로 장식한 빈소 한가운데에는 카톡으로 보낸 사진이 어느새 영정사진이 되어 액자 속에 끼워져 있었다.

이별식은 무슨? 이라고 투덜거리면서도 무어라고 한마디 하긴 해야 할 것 같았다. 아들에게 옆에 와서 서라고 했다. 나는 성부와 성자와 성령의 이름으로 성호를 그은 다음, 새로운 세상으로 편하게 잘 보내 달라고 기도했다.

불교에서는 환생을 믿는다지만, 사람과 달리 동물에게는 영혼이 없다는데 없는 영혼을 좋은 곳으로 보내 달라는 것도, 성호를 긋는 것도 참 겸연쩍은 짓이었다. 하지만 17년 동안 한 집에서 가족처럼 살았던 일을 떠올리니 그냥 화장로로 들여보낼 수는 없었다.

기도를 마치고 세 발짝쯤 옆에 있는 화장로 창구로 녀석을 들여보내며 다시는 애완견이고 뭐고 반려동물은 기르지 않겠다고 다짐했다.

화장 후의 유골이라고 해봐야 앙상한 뼈 두어 조각과 1g도 채 안 되는 분말뿐이었다. 아주 작은 항아리에 넣은 후 종이상자로 포장해서 건네주었다. 나는 집에 가지고 와서 아내에게 전달했다.

이삼일 후, 내가 좋은 곳에 유골을 뿌려주자고 하자, 역시 아내는 나 혼자 뿌리라고 했다. 내가 눈여겨본 곳은 아파트단지와 단지 사이길 영산홍이 만발한 화단이었다.

"나나야, 잘 가거라. 다시 꽃으로 피어나거라. 이 화단의 꽃을 볼 때면 항상 너를 추억하마."

나나의 유골을 뿌린 이듬해였다. 아내와 외출하다가 화단에 유난히도 붉게 무리진 영산홍을 가리키며 말했다.

"어쩌면 이 꽃이 꽃으로 피어난 나나일지도 몰라."

나도 모르게 불쑥 나온 말에 아내는 아무 말도 하지 않은 채 한참 동안 꽃을 바라보다가 발길을 옮겼다.

5월 중순인데도 한여름이 성큼 다가온 것 같다. 화단의 영산홍은 지기 시작했고, 푸른 잎이 우거진 느티나무가 하늘을 덮고 있다.

할아버지의 오월

오월에는 옷을 골라 입기가 쉽지 않다. 긴 소매 옷을 입으면 더울 것 같고, 짧은 옷을 입으면 추울 것 같아서다. 바지도 마찬가지다.

하루는 겨울 바지를 입고 나갔다가 봄기운이 바지 속으로 스며들어 다리가 무겁고 답답해 견디느라고 애를 먹었다. 다음날엔 얇은 바지로 갈아입어 봤더니 써늘한 바람이 숭숭 들어와 후회막급이었다.

옷 색깔도 짙은 색상은 계절에 어울리지 않아 칙칙해 보이고, 옅은 색상은 나이에 어울리지 않게 때 이른 것 같아 남우세스럽다.

외출할 때마다 옷을 입고 나서 아내에게 어떠냐고 물어본다. 아내는 대충 훑어보고 '괜찮네요.'라는 식으로 건성 대답할 뿐 성의가 없다. 그 연세에 뭐 그리 신경을 쓰느냐는 투다.

어떤 친구들은 외출할 때면 아내가 계절에 맞게 옷이고 목도리고 간에 알뜰살뜰 다 챙겨준다는데 우리는 늘 내가 묻지 않으면 그만이다. 나이 들수록 몸을 정갈하게 하고 옷으로 멋진 날개를 대신하라고 하지 않았던가.

어느 날 학교에 갔다가 막 돌아온 초등학교 6학년 손녀에게 물었다.

"할아버지가 외출하려고 하는데 오늘 날씨로 보아 짧은 소매 옷이 좋을까, 긴 옷이 좋을까?"

"그냥 아무거나 적당히 입으세요."

엉? 영 대답이 시원치 않다. 하기야 초등학생이 할아버지에게 맞는 옷이 어떤 건지 어찌 알랴. 물어볼 걸 물어봐야지. 긴 소매 옷을 입고 막 현관을 나서려는데 갑자기 손녀 왈,

"짧은 팔이 나을걸요."

나는 다시 들어와 짧은 소매 옷으로 갈아입고 나갔다. 연

듯빛 가로수 잎새 사이를 뚫고 쏟아지는 햇볕의 강도를 느끼며 짧은 소매로 갈아입기를 잘했다고 생각했다. 그러나 그것도 한낮뿐. 계절의 여왕도 아침저녁으로 변덕을 부리기는 마찬가지였다.

이 싱그러운 오월에 감기약을 먹게 될 줄이야. 손녀의 오월은 할아버지에겐 아직 삼월인 것을 왜 나는 아직도 깨닫지 못했을꼬.

작은 발

아침에 일어나 첫발을 내딛는 순간, '앗!' 하는 비명을 지르며 털썩 주저앉고 말았다. 의사는 단번에 '족저근막염'이라 진단했다.

"족저근막염요?"

아파서 상을 찡그리면서도 저절로 '아, 이런 병도 있구나!'라며 속으로 중얼거렸다. 지금까지 살면서 이런 병 저런 병 많이 걸려 봤지만, 이렇게 무게감 있고 근엄한(?) 병도 있다니. 족저근막염은 발바닥 근육막에 염증이 생겨 통증을 유발하는 병이라 한다.

의사는 무리한 운동이 원인이라며 물리치료를 받되, 당장 신발부터 푹신한 운동화나 구두로 바꾸라고 했다. 거기다가 나이를 생각해서 앞으로는 바닥이 딱딱한 구두는 아예 신을 생각을 말라고 덧붙였다.

사실 나는 무리한 운동을 한 적이 없다. 겨울철이라 밖에서 걷기 운동을 하다가 혹여 미끄러져 넘어질까 하는 우려에 집 옆 헬스장에서 한 달 정도 러닝머신을 가볍게 뛴 것밖에 없다. 남들은 땀을 뻘뻘 흘리며 마라톤 선수처럼 뛰었지만, 나는 조금 빠른 걸음 수준으로 뛰었을 뿐이다. 그렇다면 무엇이 원인일까?

'아무래도 이 병은 내 발이 작아서 생긴 병일 거야, 틀림없어!'

나는 내 발이 작으므로 체중을 이기지 못한 것이라고 지레짐작했다.

평소 나는 큰 신발을 신는 왕발을 부러워했다. 물론 여성도 발 큰 여성을 좋아했다.

티브이 뉴스 시간에 미국 대통령 트럼프를 볼 때면 럭비공처럼 어디로 튈지 몰라 불안했지만, 그의 옆에 부인 멜라니아 여사가 서 있으면 나는 그녀의 큰 발을 유심히 바라보며 기분을 전환했다. 그 큰 키에도 하이힐을 신고 하늘을 찌를 듯 꼿꼿하게 서 있는 모습은 보기만 해도 시원했다.

내 발 타령을 하면서, 나는 어머니 발을 닮아 그렇다며 투덜거렸다. 어머니의 발은 유난히 작았는데 유품으로 남아있는 고무신과 슬리퍼는 지금 보아도 어린아이 신발 크기만 하다. 형님은 아버지 발을 닮아 그런지 신발도 크게 신고 발바닥도 튼실해 아프다는 얘기를 들어본 적이 없다. 하지만 어머니는 발은 작을지언정 숱한 고생을 하면서도 발바닥이 아프다는 말을 하신 적이 없으니 그 탓만도 아닌 것 같다.

어머니는 6·25 전쟁 피난 시절에 떡시루를 머리에 이고 장터까지 십 리 길을 멀다 않고 걸어 다녔다. 닷새 만에 열리는 장터는 질러가는 길은 산 고개를 넘어야 했고, 그나마 평탄한 길은 자갈이 깔린 신작로였다.

떡국을 끓이는 장날이 공휴일이면 열 살쯤 된 나는 장작을 새끼로 묶어 걸머지고 어머니를 따라갔다. 어머니의 신발은 사시사철 검정 고무신이었다. 나도 고무신을 신었는데 신작로의 모난 돌을 밟으면 발바닥이 아파 깜짝깜짝 놀랐다. 그때마다 얼굴을 찡그리며 어머니의 얼굴을 흘긋거렸다.

놀랍게도 떡시루를 인 어머니의 표정은 담담했다. 게다가 어떤 비장함까지 깃들어 있어서 칭얼댈 수도 없었다. 그저 혼자 오만상을 찌푸리며 어머니를 따라 그 길을 걸었다.

휴전 후 다시 서울에 올라와도 먹고살기 힘든 것은 마찬가지였다. 어머니는 중랑교를 건너 먹골까지 가서 배를 한 광주리 머리에 이고 와 청량리 시장에서 되팔았다.

이때 신은 신발도 역시 얇은 고무신이었다. 그 작은 발에 온 가족의 목숨 무게가 얹혔으니, 아무리 자갈길을 걷고 발바닥이 시멘트 바닥이 되었던들 내색을 하셨을까.

자식들이 줄줄이 있었으나 어머니의 발을 주물러드린 자식은 아무도 없었다. 내가 철이 들지 않았으니 동생들이야 오죽했으랴.

어머니 임종을 맞는 날 나는 뒤늦게 온갖 회한이 밀려와 어머니의 작은 발을 두 손으로 꼭 싸안았다. 발이 제일 먼저 싸늘하게 식어갔다. 신이 전쟁터 같던 장터를 쉴 새 없이 누빈 발부터 쉬라고 배려한 것일까. 나는 점점 굳어져 가는 어머니의 발을 주물러드리며 하늘나라에서는 작고 예쁜 발에 꽃신을 신고 천상 복락을 누리시라고 빌었다.

한때 중국에서 미인의 조건은 발이 작아야 했다. 중국에서는 여성 발이 크면 혼인을 못 할 정도였다. 하여 여성들이 미인이 되기 위해 전족(纏足)이라는 악습을 천년이나 유지했다.

어려서부터 발가락을 발바닥 안으로 구부려 넣고 천으로 꽁꽁 동여매 발이 크지 못하게 했으니 그 고통이 오죽했으랴. 그렇다면 어머니가 중국에서 태어났더라면 타고난 미인으로 대우를 받지 않았을까.

병이 나으려면 소문을 내야 한다기에 여기저기 전화를 했다. 특히 박식하기로 이름난 한 친구에게 발이 어떻다는 둥 장황하게 설명했더니, 가만히 듣고만 있던 그가 한마디 툭 내던졌다.

"야 이 친구야! 그거 쓸데없는 소리 좀 고만해, 다 늙어서 오는 병이여, 늙어서!"

헉! 그러고 보니 아무리 생각해봐도 그 친구 일갈이 일리가 있는 듯싶었다. 발이 작다고 다 족저근막염에 걸리는 것도 아닐 터인데 쓸데없이 어머니까지 소환하며 핑계를 찾다니.

지금도 내 발이 큼지막한 발이었으면 좋겠다는 생각에는 변함이 없다.

나는 손주들 발을 유심히 살피다가 신발이 작은듯하면 빨리 새 신발을 사주라고 아내를 채근한다. 점점 길쭉해지는 아이들의 신발이 현관에 놓인 것을 볼 때면 무슨 큰 횡재라도 한 듯이 마음이 뿌듯하다.

신발장에는 아직도 코가 반짝거리는 왕년의 구두 몇 켤레와 오랫동안 아껴 신었던 칠피 구두가 무용지물이 되어 구석에 박혀있다. 험한 세상을 걸을 때나, 잠시나마 반짝거리던 나의 인생길을 함께한 구두를 쉽게 없앨 수가 없다.

어쩌다 옛날이 그리워 '코 반짝' 구두를 한번 신어보면 이 근엄한 병은 바로 경고를 한다. 나이 들면 물 위를 걷는 게 기적이 아니라 그냥 걸을 수 있는 것이 기적이라는 말에 고개가 끄덕여진다.

어느 날 나는 세계적인 축구 스타 손흥민의 이모저모에 관한 신문기사를 읽다가 눈이 휘둥그레졌다. 그의 축구화 크기와 내 구두 크기가 같지 않은가! 그렇다면….

우리는 왜 행복하지 않을까

도저히 믿고 싶지 않은 슬픈 통계가 있다. 경제협력개발기구(OECD) 회원국 중 대한민국이 수년째 자살률 1위라는 불명예스러운 통계다. 또 어느 통계를 보면 청소년의 40%가 자살을 생각해보았고, 9%가량은 실제로 자살을 시도해 본 적이 있다고 한다. 아무리 생각해보아도 끔찍한 수치임이 틀림없다.

언제부터 우리 국민이 이렇게 의지가 박약한 민족으로 전락했는지, 과연 우리 사회가 이렇게 자살률이 높을 만큼 절박한 사회인지, 의문이 든다. 왜 행복하지 않을까.

어느 철학 교수[2]는 이렇게 분석했다. '행복하지 않은 이유는 진정한 자기가 없기 때문이다.' 즉 우리를 지배하는 것이 욕망이 아니라, 현실에 부합하지 않는 이념 때문에 생겨난 일이라고 분석했다. 이념의 원심력은 계속해서 높아지려는 가변성을 가지고 있다. 이념이 높아지면 높아질수록 인간의 구체적인 삶과는 거리가 멀어진다. 또 그것이 멀어지고 높아질수록 진짜같이 느껴진다. 점차 진리라고 확신한다. 그렇다 보니 그 이념을 실현하기 위해 폭력도 불사하며, 죽음도 기꺼이 받아들인다.

나는 30여 년 전, 어느 법정에서 있었던 이념과 관련한 재판을 방청한 적이 있다.

피고인인 한 대학생은 대학에 입학한 후, 사회주의 이념에 관한 서적만 무려 200여 권을 읽었다고 진술했다. 3년 동안 읽었다고 쳐도 평균 닷새에 한 권꼴을 읽었다는 계산이 나온다.

흰 백지 위에 온통 이념의 검은 점이 촘촘히 찍혔다는 느낌이 들었었다. 그는 이념의 토대 위에서 확신범죄를 저질렀다. 나이 들어서도 이념의 늪에서 빠져나오지 않았다면, 그는 결코 행복한 삶을 살지 못하고 있을 것으로 생각

2 최진석 서강대 철학 교수의 『인간이 그리는 무늬』

했는데, 요즘 좋은 소식이 들려왔다.

자신이 신봉했던 이념을 벗어던지고, 아직도 이념 속에 갇혀있는 일부 운동권 정치인들의 행태를 비판하며 새로운 삶을 살고 있다는 소식이었다.

우리나라에서 가끔 일어나고 있는 사이비 종교 신자들의 자살 사건이나 광신자들의 가정파괴 등 부작용도 그런 맥락이 아닐까 싶다. 그들은 인간이 도저히 도달할 수 없는 멀고 높은 곳에다 맹목적인 믿음의 깃발을 걸어놓고, 그 엄청난 거리 때문에 방황하고 자학한다. 나는 부족해, 나는 왜 이렇게 살까. 나는 저 이념에 비하면 왜 이렇게 타락했을까. 나는 바보야, 나는 죄인이야. 내가 살면 뭐하나….

교수는 그에 대한 해법으로 "자기를 찾고, 자신을 믿고, 스스로 존경하는 것이다"라고 말한다. 이 말은 어제오늘 나온 말이 아니다. 고대 그리스의 수학자이자 철학자인 피타고라스도 "너 자신을 존경하라"라고 말했고, 서양 속담에도 '너 자신을 존경하라, 그렇지 않으면 아무도 너를 존경하지 않을 것이다'라고 하고 있다.

자기가 자신을 사랑하지 않는 일, 자신을 믿지 못하는

일, 이것은 마치 자기 자신을 천덕꾸러기로 만드는 것과 다름없는 일이다. 그로부터 불행은 시작된다. 반면에 자신에 대한 무한한 애정, 자신에 대한 무한한 신뢰, 그것이 바로 행복의 시작이다.

제5부

淸香

다시 한번 기적을

이십여 년 전, 성경 신구약을 완독한 적이 있었다. 기독교 신자도 아니고 성경에 대해 아무런 지식도 없는 사람이 여섯 달 동안 완독하기로 마음먹고 시작했다.

구약전서부터 읽기 시작했다. 우주의 역사와 출발을 보여주는 창세기와 영화 '십계'에서 본 모세의 스펙터클한 장면이 떠오르는 출애굽기(천주교 성경은 탈출기)를 읽을 때는 그런대로 잘 넘어가는 듯했다.

그러나 다음 복음으로 갈수록 점점 흥미도 없고 무슨 소리인 줄도 몰라 눈으로만 읽었다. 진도도 느렸다.

성경책 종이는 습자지처럼 얇고, 구약전서 1,331쪽, 신약전서 423쪽, 총 1,752쪽이나 되는 방대한 분량이었다. 돋보기를 끼고 읽고 또 읽어도 하루에 겨우 몇 장 넘길 뿐이라 언제 다 읽을지 까마득하기만 했다.

신구약과 찬송가를 합본해 지퍼까지 달린 이 묵직한 성경책은 내가 지방 관서에 근무할 때 J 집사로부터 선물 받은 것이다.

평소 친밀하게 지내던 J 집사는 크리스마스에 내 사무실을 방문해서, 모세가 이스라엘 민족들을 이끌고 홍해를 건너갔듯이 성경을 읽고 훌륭한 지휘관이 되라고 말했다. 인사치레로 그러겠다고 대답은 했지만 사실 읽을 만한 시간적 여유가 없어 띄엄띄엄 읽으며 책꽂이에 꽂아 놓았다.

나는 경찰서장 임기를 거의 마칠 때쯤(정해진 임기가 아니라 관례상의 임기) 다음 보직으로 6개월 과정의 교육기관 입교를 신청했다.

세상은 디지털 시대로 급속히 변화하는데 나는 아날로그에 머물러 있는 것 같아 새로운 지식의 충전이 필요하다고 느꼈기 때문이었다. 또한, 그보다도 당시 나의 다음 보직이 어디가 될지 불안한 상태에 있어 한 번쯤 쉬어가

자는 생각을 한 것도 그 이유였다.

교육 기간에 성경을 완독하기로 마음을 먹었다. 그렇게 결심한 것은 세계적인 베스트셀러인 성경을 한번은 읽어야겠다는 생각이 들기도 했지만, 사실은 Y 선배와 저녁 식사를 하면서 들은 이야기가 결정적 계기였다.

Y 선배는 공직생활 중 한때 감당하기 힘든 큰 난관에 부닥쳐 있었는데 성경 읽기로 이를 극복했다며 혹여 내 힘으로 극복하기 어려운 일이 생기면 성경을 완독해보라고 조언했다.

그는 고난 속에서 성경을 완독함으로써 기적 같은 일이 일어나 정부 요직에 발탁되었다고 했다. 그는 신앙심이 투철한 교회의 장로였다.

나는 신앙심은커녕 교회에 적을 둔 적이 없는 비신자로 절에 가면 부처님을 받들고 평소 공맹의 도를 깨우치려고 노력하는 사람이라 망설였지만, 선배의 말을 반신반의하는 가운데 나도 한번 기적을 기대하며 무리한 완독 결심을 한 것이다.

그 당시 나도 나름대로 어려운 상황에 부닥쳐 있었다.

교육은 경찰 사상 처음 시행하는 서장급 장기 교육 프로그램이었다. 경찰대학 기숙사에 기거하면서 새로운 시대에 적응할 다양한 교육을 받는 것이었다.

입교하는 날부터 성경을 읽기 시작했다. 그러나 영 진도가 나가지 않았다. 이렇게 읽다가는 교육 기간에 완독이 도저히 불가능할 것 같아 아침에 기상해서 읽고, 점심시간에 읽고, 일과가 끝나고도 다른 일 제쳐놓고 읽었다.

같은 방에 교회 장로 한 분이 있었는데 나에게 어느 교회 장로냐고 물어 웃은 적이 있다. 성경은 구약 39권, 신약 27권인데 구약은 정말 별 재미가 없었다.

어쨌든 열심히 읽었지만, 교육 기간의 반이 지나갔는데 반도 읽지 못했다. 박차를 가해 외박 일인 토요일과 일요일에는 집에 가지고 가서도 읽었다. 날이 갈수록 성경 읽기가 거의 전쟁 수준이 되다시피 했다. 교육 후반기 프로그램에는 외국기관 시찰 계획이 있었다.

일본, 중국, 홍콩 등을 순방했는데 나는 책이라고는 딱 성경 한 권만 가방에 넣어서 갔다. 비행기 안에서도 읽고 호텔에서도 읽었다. 구약에 이어 신약을 읽는데 신약도 4대 복음은 좀 읽기가 수월하더니 이 또한 진도가 안 나가기는 마찬가지였다.

드디어 교육이 끝날 때가 다 되었다. 교육을 마치면 곧 인사발령이 날 텐데 다 읽지 못해 더욱 안달이 났다. 이미 희망지 조사가 끝난 상태였다. 1 희망지부터 4 희망지까지 써서 제출했다.

6개월 교육을 수료하고 집에서 대기하게 되었다.

인사발령이 지연된다기에 신약의 마지막 복음을 남겨둔 채 일요일이 되어 등산이나 가려고 옷을 주섬주섬 입는데, 아내가 '성경을 완독한다더니 다 읽지도 않고 등산은 무슨 등산이오?'라며 핀잔을 주었다.

무언가 께름칙한 마음이 들어 등산복을 벗어놓고, 이번엔 거실 창 쪽에다 밥상을 펴놓고 앉아 마지막 복음인 요한계시록을 읽기 시작했다. 천천히 소리 내어 또박또박 기도하는 마음으로 읽어나갔다.

드디어 완독! 창세기 1장 1절 '태초에 하나님이 천지를 창조 하시니라'로부터 시작해서 요한계시록 22장 21절 '주 예수의 은혜가 모든 자에게 있을지어다. 아멘'까지 참으로 힘든 여정이었다. 애초 계획 여섯 달을 넘어 여덟 달 반이나 걸렸다.

길게 기지개를 켜고 홀가분한 마음으로 동네 목욕탕엘 갔다. 한창 따뜻한 탕 속에 몸을 담그고 있는데 아들이 옷을 입은 채 문 앞에서 두리번거렸다. 나를 발견한 아들이 다가와 소리 질렀다.

"아버지 발령 났어요."

"어디로?"

앗, 기적이 일어났구나. 1 희망지로 난 것이었다. 1 희망지와 2 희망지는 사실상 거의 불가능에 가깝다는 것을 알면서도 써낸 그야말로 희망이고, 3 희망지 정도만 기대했었다. 경찰에서는 흔히 경찰의 꽃을 총경 계급장을 단 경찰서장이라고 하는데 그중에서도 서울경찰서장은 경찰관이라면 한번은 거치고 싶은 자리이다.

서울 S 경찰서 관할 지역에는 나의 중·고등학교 모교가 있다. 친구들과 어울려 다니던 골목이나 학생증을 맡기고 짜장면을 먹던 중국집이 아직도 남아있어 옛정이 새록새록 솟아났다. 부임한 지 얼마 지난 후, 관내 M교회 목사로부터 간증 부탁을 받았다. 나는 간증을 어떻게 하는 줄도 모르고 더군다나 신자도 아니라며 거절했다.

다만 치안 책임자로서 범죄 예방을 위한 주민협조 당부 차원의 얘기는 할 수 있다고 말했다. 당시 나는 특수시책으로 '이웃 서로 지켜주기 운동'을 적극적으로 전개하고 있었다.

큰 교회의 예배당에 들어서자 일 층과 이 층에 신자들이 꽉 들어차 있었다. 먼저 인사를 한 후 최근의 범죄 양상을 설명하고 범죄 예방을 위해 주민들의 협조가 절대적이라고 당부한 뒤, 나는 신자가 아님을 분명히 밝히고, 성경책을 완독한 얘기와 완독 당일 일어난 기적에 대해 사실대로 얘기했다. 말하는 중간마다 아멘, 아멘 하는 소리가 들려 좀 거북하기도 했지만, 왠지 힘이 나서 주어진 시간을 다 마쳤다.

교회 입구에 목사와 함께 서서 퇴장하는 신자들에게 인사를 하는데, 신자들은 나와 성경책을 번갈아 보며 미소를 지어주었다. 어떤 신자는 이 성경책이냐며 만져보고 내 손을 잡아주기도 했다.

경찰서에는 경목과 경승 제도가 있어 목사와 스님이 수시로 출입하며 경찰관의 영적인 생활에 도움을 준다. 내가 S경찰서에 있을 때 한 간부가 천주교 경신실도 만들자고 해서 쾌히 승낙한 적이 있다. 요즘은 어떻게 변했는지 모르겠다.

어느 날 L 경목에게 성경을 완독하고 일어난 기적에 관한 얘기를 했더니 그는 놀라기는커녕 그런 기적이야 당연하지 않으냐며 아무렇지도 않은 반응을 보여 오히려 내가 놀란 적이 있다.

내가 L 목사에게 '그럼 앞으로도 큰 소망이 남아있는데 또 한 번 성경을 완독하면 또 기적이 일어날까요?' 하고 물었더니 그가 그러지 말라고 해서 웃은 적이 있다. 왜 그러지 말라고 하는지는 더 묻지 않았다.

그 후로도 나는 경목 행사나 크리스마스를 제외하고는 교회에 가지 않다가, 퇴직해서는 깊이 생각한 끝에 개신교가 아니라 천주교에 입교했다. 8개월 동안 천주교 예비신자 신분으로 교리 공부를 하고 정식으로 '루카'라는 세례명을 받았다.

그때 내 나이는 칠십이었다. 성경을 읽어보면 천주교나 개신교나 내용이 별로 다른 게 없다. 그런데도 왜 통일된 성경을 만들어 함께 쓰지 않는지 아직 나로서는 이해가 되지 않는다.

이제 천주교인이 된 지도 십여 년이 되었지만, 신앙의 시작은 역시 J 집사의 성경 선물로부터 시작되었다고 믿고 있다. 그런데 청천벽력 같은 연락을 받았다. J 집사가 암에 걸렸다는 것이었다. 나는 쾌유를 기도했다.

그때 퍼뜩 이십여 년 전의 그 성경책이 떠올랐다. 며칠 후 나는 그 성경책을 J 집사에게 전하며, 될 수 있는 대로 빨리 완독하라고 권유했다. 내가 전에 L 목사에게 '또 한 번 읽으면 기적이 일어날까요?' 하고 물었을 때 그러지 말라고 한 뜻이 오늘을 위해 J 집사의 몫으로 남겨놓은 것이 아닐까 하는 생각이 들었다.

나는 오늘도 J 집사의 완쾌를 위해 기도한다. 주님, 죽은 '라사로'를 살려내신 권능을 믿습니다. 모세가 홍해를 가르고 민족들을 구한 역사를 믿습니다.

암 수술 날짜를 잡아놓고도 교회 장례위원으로서의 소명을 다하는 J 집사에게 완쾌의 기적이 일어날 것을 나는 굳게 믿나이다.

어떻게 오게 되었나요

고(故) 김수환 추기경께서는 사랑이 머리에서 가슴까지 내려오는 데 70년이 걸렸다며 자신의 삶을 부끄러워하셨다.

소록도에서 한센병 환우들을 43년 동안 헌신적으로 치료하며 돌보신 마리안느 수녀와 마가렛 수녀는 71세와 70세가 되자 홀연히 본국 오스트리아로 귀국했다.

나는 어느 종교를 믿을까 망설이며 70년 동안 우물쭈물했다.

이십 대에는 종교를 믿음보다는 학문의 대상으로 접근

해보려고 시도했으나 이내 시들해졌고, 활발한 사회생활을 할 동안에는 종교에 대해 깊이 생각할 겨를도 없었지만, 긍정보다는 부정적 시각이 더 컸다.

나이가 들어서는 더 늦기 전에 신앙을 가져야겠다고 마음은 먹었으나 도대체 마음에 드는 종교를 찾지 못했다. 종교는 지구촌에 갈등을 조장하고 전쟁과 자살폭탄으로 수많은 인명을 앗아가고 있다고 생각했다.

우리나라 불교, 개신교, 천주교를 살펴보아도 어느 것 하나 마음에 들지 않았다. 좁은 소견이지만 신성해야 할 종교가 끊임없는 분규, 부정부패, 이단 종파의 파생, 종말론, 정치적 집회시위 참여 등으로 종교로서의 본질을 잃었다는 회의감만 들었다.

이렇게 종교에 부정적 시각이 강하면서도 종교를 가져야겠다고 이율배반적인 생각을 하게 된 것은 순전히 나의 이기심 때문이었다.

어떤 사람은 그동안 지은 죄를 깊이 깨닫고 용서를 빌기 위해 종교를 갖게 되었다 하고, 어떤 사람은 '태초에 하느님이 천지를 창조하시니라' 하는 장엄한 말씀 앞에 무릎을 꿇고 믿기 시작했다지만 나는 이것도 저것도 아니었다.

나이가 들어갈수록 멀쩡하던 죽마지우가 갑자기 병에 걸려 일 년을 버티지 못한 채 세상을 떠나고, 후배들조차 호스피스 병동에서 속절없이 세상을 떠나갔다. 서산낙일(西山落日)이라 했던가.

자연의 순리를 바라보며 나도 무엇이 다르랴 싶을 때면 막연한 두려움이 엄습했다. 이 두려움을 어떻게 극복할 것인가? 믿음으로 인해 죽음의 공포와 고통에서 벗어날 수만 있다면 종교에 귀의, 의탁하고 싶었다.

나는 사찰의 법회나 성당 미사에 참석한 횟수는 평생 서너 번 정도에 지나지 않지만, 자의적이거나 직업과 관련해서 여러 교회의 예배에는 일 년에 몇 번씩 참석했다.

내가 만난 목사와 장로, 신도들은 모두 존경스러운 분들이었다. 신앙심이 깊은 J 집사로부터는 성경을 선물로 받아 신구약을 모두 읽기도 했다. 그런 연유로 내가 신앙을 갖는다면 개신교를 선택해야 했을 것이다.

그러나 선뜻 내키지 않는 이유가 있었다. 지금도 사회적 물의를 일으키고 있는 소위 이단 종파와 관련한 일 때문이었다.

우리 가까운 집안에서 일어난 가정파탄을 보면서 언제 어디서 또 이런 유사 종파가 파생되어 우리 후대를 파멸시킬지 염려되었다. 이단 종파를 신봉하는 아내와 장성한 자식들이 이를 반대하는 남편이자 아버지를 따돌리는 패륜을 보며 한탄했다.

늙은 아버지가 아들이 보고 싶어 아들의 직장을 찾아갔더니 그 종파에서 발행하는 선전 책자를 내밀더라는 것이다.

그 자식을 공부시키느라고 허리가 휜 늙은 아버지에게 돌아온 대답이었다. 그래도 그 아버지는 아내와 자식들을 용서하며 언젠가 돌아오리라는 기대를 품고 긴 세월을 외롭게 살아가고 있다.

나는 그들이 신앙 이전에 인간으로 해야 할 기본 도리도 하지 않으면서 신을 섬긴다는 위선에 경악했다. 사랑과 용서의 지고(至高)한 종교를 이렇게 왜곡하다니. 종교계의 어떤 해괴한 자들이 또 이런 사이비 깃발을 들고나올지 누가 알겠는가.

또 하나는 우리 집안의 내력으로 보아 제사를 지내지 않는 종교를 가질 수는 없었다.

천주교인들은 제사를 정성 들여 지낸다. 설·추석 명절에는 집에서 차례를 지내지 못하는 신자들을 위해 성당에 제물을 차려놓고 미사를 드린다. 신부님의 출신 지역에 따라 제물도 좀 다른 듯했다. 경상도 출신 신부님 때는 제사상에 큼지막한 통문어가 한 마리 올라가 있었다.

나는 우연한 기회에 마더 데레사 수녀의 전기를 읽게 되었다. 마더 데레사의 행적과 인도 캘커타에서 목숨을 건 신앙생활에 깊은 감동에 빠졌다. 쓰레기더미에 무수히 버려지는 갓난아기와 살이 썩어가는 노인들을 찾아내어 구원하는 마더 데레사는 살아있는 예수님이고 천사였다.

이 모든 어려움을 기도로 극복하는 수녀의 믿음이 나를 깨웠다. 나는 마더 데레사 수녀가 인도 사람인 줄 알았다.

마더 데레사는 1910년 알바니아의 스코프예 지방에서 태어나고 어릴 적 이름은 아니스 곤히아 브악스히야(Agnes Gonxha Boyaxhiu)였다. 그 당시 스코프예는 오스만 제국령이었고 후에 유고슬라비아 영토가 되었다. 지금은 마케도니아의 수도이다. 1928년 아니스는 18세에 인도의 캘커터로 선교를 떠나 봉사활동을 했다. 1997년 87세로 선종할 때까지 지구촌의 진정한 평화와 죽어가는 사람, 가난한 사람을 내 몸같이 사랑한 마더 데레사의 삶은 감동 그 자체였다.

나는 책을 읽는 내내 손수건을 꼭 쥐고 읽었다. 특히 전기에서 한 구절을 읽는 순간, 나의 눈은 한참 동안 고정되어버렸다.

"눈에 보이는 사람들도 사랑하지 못한다면, 보이지 않는 주님을 어떻게 사랑하겠습니까?"

나는 부모와 자식, 아내와 남편, 친지, 친구, 이웃을 이 구절 '사랑하지 못한다면'에 대입시키면서 바로 그다음 날 성당을 찾아갔다.

2013년 4월부터 비아 수녀와 여정 봉사자 두 분으로부터 8개월 과정의 '예비신자'교육을 받기 시작했다. 우리 목요일반은 십여 명이 채 안 되었다. 수녀님이 첫날 새 신자들에게 돌아가면서 질문을 했다.

"어떻게 오게 되었나요?"

대부분 누구의 인도에 따라서 입문하게 되었다고 대답하는데, 남자의 경우는 아내의 등쌀 때문이라고 했고, 나처럼 스스로 걸어온 사람은 없었다. 내 차례가 돌아왔다. 어찌할까 망설이다가 사실대로 대답했다.

"저는 마더 데레사 수녀님의 인도로 오게 되었습니다."

수녀님이 무슨 생각을 했는지 '네.'라고 하더니 더 묻지 않았다. 교리 시간이 끝날 때쯤 수녀님은 올해가 선교의 해라 여러분이 신앙을 가질 수 있도록 기도를 많이 했다고 말했다.

내가 세례를 받은 지 3년쯤 후인 2016년 9월에 프란치스코 교황께서 마더 데레사 수녀를 성인의 품에 올렸다.

나는 얼마나 기뻤는지 모른다. 70년 동안 신앙적으로 세상을 헤매던 나를 성전으로 이끈 마더 데레사 성인은 지금도 하늘나라에서 지구촌의 수많은 영혼을 성전으로 계속 이끌고 계실 것을 나는 굳게 믿고 있다.

어느덧 세례를 받은 지 십 년이 되었다. 아직도 기도문을 다 외우지 못해 어물거리기 일쑤다. 성체를 받아 모실 때마다 콧잔등이 시큰거리는 이유도 모른다.

그래도 성호를 그을 줄 알고 '주여, 자비를 베푸소서!'라고 기도할 줄 알게 된 것이 얼마나 감사한지 모른다.

소리로는 부족하여도

우리 성당 성가대는 일주일에 두 번 성가 연습을 한다. 단원들은 연습을 시작하기 전에 주님께 기도드리고 성가대 수호성인이신 성녀 세실리아에게도 간청한다.

"…조촐한 저희 몸을 악기 삼아 맑고 고운 영혼의 성가를 아름다운 가락으로 주 대전에 바치나이다. 소리로는 부족하여도 저의 정성 굽어보사, 즐겨 받아주시옵고 마디마디 화음 이루어 노래할 때 독생성자 구속공로와 부활의 기쁨이 저희와 당신 백성 중에 머무르게 하소서. 성녀 세실리아여! 저희를 위하여 빌어주소서….”

나는 더욱 간절히 기도한다. 맑고 고운 영혼의 성가를 바치기에는 소리가 턱없이 부족하기 때문이다.

나는 세례를 받자마자 교리를 가르쳐주던 수녀님으로부터 성가대에 입단하라는 권유를 받았다. 칠순에 무슨 성가대냐며 사양했더니 어떻게 나를 보셨는지, 나이가 무슨 상관이냐며 재차 권유했다. 사실 나는 가능하면 성가대에서 성가를 부르고 싶기는 했다.

나는 음악을 전공하지는 않았지만, 음악 세계의 주변을 맴돌며 음악의 끈을 놓지 않으려고 애썼다.

고등학교 3년 동안 브라스 밴드부에서 악기를 연주한 영향이었다. 2학년 때 밴드부 부악장에 이어 3학년 때는 악장까지 맡았으니 내 딴에는 꽤 열심히 연주 활동을 한 셈이다. 방송 출연, 예술제, 시가행진, 매주 조회연주 등 늘 바빴다.

대학은 음악과 전혀 관계없는 학과를 선택했다. 1학년 때는 미련을 버리지 못해 수시로 음대 강의실에 가서 음악개론을 듣거나 연주실을 기웃거리기도 했다. 나이가 들어서도 꿈을 버리지 못해 뒤늦게 피아노를 배우고, 지금도 때때로 혼자서 전자 키보드를 연주하고 있다.

그러나 기악과 성악은 다른 분야이기에 필요한 호흡과 발성을 하는 게 쉬운 일이 아니었다. 젊은 형제들과 자매 단원들 사이에 끼어 지휘자에게 수시로 지적을 받아 나이 든 사람의 체면이 말이 아니었다.

한 가지 다행인 점은 있었다. 나는 베이스 파트에 속해 있는데 악보를 읽는 데는 어려움이 없었다. 베이스 악보는 내가 연주했던 트롬본 악보처럼 낮은음자리표를 사용하기 때문이었다.

처음 입단해서는 내 소리내기에 바빠 옆 단원의 소리나 반주 소리도 들리지 않고 지휘자의 지적이 무엇인지조차 몰라 어리둥절하기 일쑤였다.

오르간의 베이스음을 골라 듣고, 지휘자의 지휘와 눈총을 읽는 데만 3년쯤 걸린 것 같다. 3년 동안 '화답송'을 한 바퀴 다 돌고서야 귀가 조금 열렸다. 지적을 바로 알아차리고 귀가 열리는 것이 성가를 잘 부른다는 뜻은 아니다. 모르고 부를 때에는 이 정도면 되겠거니 했지만, 갈수록 점점 더 부족함을 느낀다.

그동안 어려운 미사곡을 비롯해 다양한 곡으로 두 번의 음악회와 몇 번의 부활절에도 기를 쓰고 따라가긴 했지만 스스로 만족하지 못한다. 그렇지만 성전 성가대석에서 하얀 단복을 입고 화음을 이루어 주님을 찬양할 수 있다는 것이 크나큰 영광이며 은총이라는 것을 깨닫는다.

성경에 나오는 시인은 시편에서 수없이 주님을 찬양하라고 노래한다. 시편 마지막 편인 150편 열여섯 줄의 시 중에 '주님을 찬양하여라'가 무려 열한 번임을 세어보며 찬양의 의미를 새겨본다.

시편 137편을 기반으로 만든 팝송도 있다. 1976년 첫 출발을 하여 단시일 내에 세계 최정상을 차지한 독일의 4인조 혼성보컬 보니엠(Boney M)의 '바빌론 강가에서(Rivers of Babylon)'이다. 이 노래는 들을수록 애처로운 느낌이 들었는데, 성가대에 입단해서야 그 진정한 의미를 알게 되었다.

요즘 나는 이 노래를 팝송이 아니라 성가처럼 듣고 부른다. 가사는 BC 587년에 유다왕국이 멸망하고 유대인들이 바빌론에 포로로 잡혀가면서 당시의 심정을 고백한 내용이다.

바빌론 강가에서 우리는 앉아 있었다오.
그래요, 우린 시온을 생각하며 눈물을 흘렸어요.
사탄이 나타나 우리를 납치하여 끌고 가

우리에게 노래를 요구하였지요.
그런데, 우리가 이방의 땅에서 어떻게 주님의 노래를 부를 수 있었겠어요.
…….

이스라엘 민족은 모세와 예언자들을 통해 하느님의 경고가 있었는데도 이를 무시해 오랫동안 바빌론 강가에서 유배 생활을 하게 된다. 포로들은 시온을 생각하며 한없이 울었다. 시온은 성전이 있는 예루살렘이다.

성전에 있을 때는 성전에 있다는 것이 얼마나 행복한 것인지를 몰랐다.

나는 성가대 입단 이래, 항상 최고령자다. 그런데도 오랫동안 성가대석에서 성가를 부를 수 있도록 건강을 주신 주님의 은총에 감사하며 기도하는 심정으로 성가를 부른다.

우리 등촌3동 성당 글로리아 성가 단원들의 실력은 천상의 화음이라 할 정도로 출중하다. 그러나 모든 일이 때가 있듯이 이제 내게 그 시간이 계속 허락될 것 같지는 않다.

별이 총총 빛나는 밤에 키보드를 연주하며 조용히 성가를 부른다. 곡에 따라 기쁨이 넘치고, 슬픔에 젖고, 거룩함에 고개를 숙인다.

찬양의 선율 속에서 성가대 수호성인 세실리아 성녀의 무덤 위 조각상이 서서히 떠오른다. 언젠가 로마를 여행할 기회가 있다면 세실리아 성녀가 잠든 '산타 세실리아인 트라스테베레(Santa Cecilia in Trastevere)' 성당을 꼭 찾아가리라 마음먹는다.

수술실에서 만난 '대 데레사'

오른쪽 눈 바로 아래 꺼풀에 작은 사마귀가 생겨서 동네 안과엘 갔다. 의사는 사마귀를 레이저로 태워버린 뒤, 이것도 일종의 종양이라며 재발하면 큰 병원엘 가야 한다고 했다. 의사의 엄포려니 했는데, 4년 만에 재발하더니 이번에는 그 모양이 아주 쭈글쭈글한 게 더 보기 싫게 커졌다.

전에 의사가 말한 종양이라는 것이 암을 뜻하는 것인지 마음이 쓰여 눈꺼풀 전문의가 있는 큰 병원을 찾아갔다. 젊은 의사는 세밀하게 한 달 동안 관찰하더니 다시 태울 수는 없고 수술을 해서 제거해야 하겠다며 일주일 후로 수술 날짜를 잡아주었다.

수술 날, 간호사는 나를 환자복으로 갈아입도록 한 뒤, 베이지색 커튼 속 침대에 눕혀놓고 여러 차례 드나들며 혈압과 체온을 재고 주사를 몇 대 놓았다.

하얀 천장만 초점 없이 바라보며 티브이에서 본 수술 장면을 떠올리니 담담하던 내가 그때부터 무슨 중환자가 된 기분에 별걱정이 다 들기 시작했다. 종양이 눈에 너무 바짝 붙어 있어 제대로 수술이 될는지, 수술 후에 부작용은 없을지, 얼굴이 이상하게 변하는 것은 아닐지, 조직검사를 한다는데 혹시 암은 아닐는지….

에어컨 냉기가 세지도 않은 데 으슬으슬 춥기까지 했다. 두어 시간이 지나서야 간호사가 이동식 침대를 끌고 와서 옮겨 누우라고 했다. 복도를 따라 덜거덕거리며 수술실로 밀고 가는데 나는 머리를 꼼짝 안 하고 천장만 바라보았다. 마치 긴 동굴 속으로 빨려 들어가는 것 같았다.

수술 잘 받으라는 아들의 말을 듣고 수술실에 도착했음을 감지했다. 수술실 안을 살펴볼 용기가 나지 않아 나는 눈을 감아버렸다. 메스, 가위 같은 수술기구가 자꾸 떠올랐다.

이때 누가 내게 다가와 귀에 대고 가만히 말했다.

"저는 이 병원 자원봉사자입니다. 병실이 좀 춥지요? 따뜻하게 하면 훨씬 기분이 좋아질 겁니다. 혹시 종교가 있나요?”

나는 눈을 감은 채, 성당에 다니고 있다고 대답했더니, 차분한 목소리로 자신도 성당에 다닌다며 나에게 세례명을 물었다. ‘루카’라고 대답하자, 봉사자가 말했다.

“루카 형제님, 우리 기도할까요?”

전혀 예상치 못한 상황에 나는 그저 ‘네, 고맙습니다.’라고만 대답했다.

그 봉사자는 따뜻한 담요 같은 것을 내 허리 밑에 깔고 양발을 감싼 다음 발을 천천히 꼭꼭 쥐었다 놓기를 반복했다.

그리고는 성호경을 바친 후, 두 손을 내 머리와 가슴에 얹고 조용히 기도하기 시작했다.

‘전능하신 하느님, 오늘 루카 형제가 수술을 받게 되었습니다. 주님께서 은혜로 지켜주시옵소서. 집도하는 의사 선생님에게도 주님의 손길이 닿게 하소서. 주님께 올리는 저희 기도를 들어주시어 수술 후에도 루카 형제가 건강하도록 지켜주옵소서. 성부와 성자와 성령의 이름으로, 아멘!’

이때 이상한 일이 일어났다. 갑자기 몸이 두둥실 구름 위로 떠오르는 것 같았다. 마음이 편안했다. 평생 처음 느껴보는 안락함이었다. 죽음의 순간이 이렇게 안락하다면 죽을 만하다는 생각이 들었다. 나도 '아멘'이라고 하는데 목소리는 떨리고 눈시울이 뜨거워졌다.

'안되지, 곧 눈을 수술해야 할 텐데.' 나는 계속 눈을 감은 채, 자매님의 세례명은 무엇이냐고 물었다. 그녀는 친절하게도 데레사는 '소화 데레사'와 '대 대레사'가 있는데, 자신은 '대 데레사'라고 했다.

신앙생활이 짧은 나는 두 성녀 데레사에 대해서 알 턱이 없었다. 오로지 나에게 큰 영향을 준 '마더 데레사(Mother Teresa, 1910~1997)'가 떠올랐을 뿐이다.

이 공포의 순간에 수녀님이 떠오르다니! 나는 마더 데레사의 글과 기도문을 읽고 감동해서 늘그막에 천주교에 입교했다. 종교 간의 갈등, 종교로 인한 인종들 간의 갈등, 심지어 가족 간의 심각한 갈등을 보며 종교에 대해 회의를 느끼고 있을 때, 우연히 나는 마더 데레사에 대한 전기를 읽게 되었다.

믿음에 대한 실천과 인류애와 말 한마디 한마디에 나는 크게 감동해 입교했다. 이 순간에 마더 데레사를 떠올리게 된 것은 큰 위안이었다.

오늘 아침 병원에 오기 전에 나는 성모님께 기도하며 간청했다. 어렸을 적에 아버지에게 아무리 요청해도 들어주지 않으실 것 같을 때 어머니를 통해 승낙을 받아내곤 했던 것처럼, 성모님은 나의 큰 힘이시며, 속된 말로 큰 빽이시다. 그래서 나는 매월 첫째 주 토요일 성모 신심미사에는 어지간한 일이 아니면 빠지지 않는다.

"성모님, 수술이 잘되도록 주님께 간구해 주세요. 믿음이 약한 저도 기도하겠지만 성모님께서 꼭 해주셔야 할 것 같습니다."

곧 수술용 침대로 옮겨 누웠다. 마스크를 쓰고 푸른 수술복을 입은 낯선 의사들이 내 양손을 침대에 붙들어 매고 얼굴에 눈만 나오게 무엇을 덮었다. 잠시 후, 몇 번 나를 진찰한 주치의 목소리가 들렸다. 마취 주사도 이젠 두렵지 않았다. 성모님과 마더 데레사 성인이 나를 옆에서 지키고 있는 것 같아서였다.

마취에서 깨어나자 주치의는 수술이 잘 되었다고 했다. 몇 시간 후 퇴원해서 나는 집으로 오지 않고 한쪽 눈에 우주인처럼 플라스틱 가리개를 붙인 얼굴로 먼저 성당으로 갔다.

성전은 고요했다. 제일 먼저 자원봉사자를 위해 기도했다.

주님, 병원 수술실에서 자원봉사하는 '대 데레사' 자매님에게 주님의 은총을 흠뻑 내려주옵소서. 저는 오늘 그 봉사자를 통해서 주님의 따뜻한 손길을 느꼈나이다.

100일간의 금주

즐겨 마시던 술을 100일 동안 끊기로 작정했다. 친구 만나면 한잔, 반주로 한잔, 수십 년 동안 마시던 술을 단칼에 끊는다는 게 어디 쉬운 일이던가. 결심만 해서는 작심삼일이 될 게 십상이라 여기저기 소문을 냈다.

스스로 올가미를 씌우려는 심사다. 한데, 그 반응이 가지각색이었다. 밀밭에만 가도 취한다는 한 친구는 '그까짓 게 뭐 대단한 결심이라도 되나? 아주 끊어버린다면 몰라도!'라며 별 관심을 두지 않았다.

평생을 함께한 죽마지우는 정말 어려운 결심을 했다며

쌍수를 들어 환영한 반면, 만나기만 하면 한잔 걸치는 술 친구는 한마디로 퉁명스럽게 어깃장을 놓았다.

"담배 끊고, 술 끊고, 이제 밥만 끊으면 되겠구먼!"

이유가 뭐냐는 친구들의 끈질긴 추궁에 '그냥'이라고만 둘러댔지만, 이 일생일대의 중차대한 결단을 내린 것은 결코 그냥은 아니었다.

얼마 전부터 소화가 잘 안 되고 속이 편치 않아 큰 병원을 찾아갔다. 위와 대장은 건강보험공단에서 시행하는 정기검진에서 내시경 검사를 받았기에 여타 복부검사를 받아보기 위해서였다.

명의로 소문난 나이 지긋한 의사가 친절하게 상담을 한 뒤 췌장과 담낭을 비롯한 장기를 두루 검사해보자며 초음파와 CT를 찍자고 했다. 무슨 환자가 그리 많은지 무려 두 달을 기다렸다. 두 달 동안은 막연한 불안감이 없지 않았지만 별 이상이야 있겠느냐는 배짱으로 지냈다.

드디어 검사를 받는 날, 코로나19 기승으로 마스크를 쓰고 다른 환자들과 멀찌감치 떨어 앉아 차례를 기다리는데 지루하기 짝이 없었다. CT 검사를 받기 위해 통 안에 누워 있을 때는 무슨 조영제를 맞았는데 몸이 갑자기 후끈 달아올라 당황하기도 했다.

검사 일주일 후 결과를 보러 갔다. 좋은 결과를 기대하며 의사의 눈치를 살피니 처음 상담할 때 친절하던 태도와는 완전히 딴판이었다. 의사는 단호하게 말했다.

"췌장에 이상이 있는 것 같으니 보다 정밀하게 검사를 해봐야겠습니다. MRI를 찍어봅시다."

췌장? 어떻게 이상이 있냐고 물어봐도 신통한 대답이 없고 검사 결과를 봐야 한다고만 했다. 꼼짝없이 또 2주를 기다리는데 이때부터는 오만가지 생각이 다 들었다.

여기저기 알아보니 췌장암에 걸리면 방사선 치료나 수술이 잘 되었다 하더라도 생존 기간은 얼마 되지 않으며, 세계적 거부인 애플 창업자 스티브 잡스나 미모의 여배우 김영애도 췌장암으로 세상을 떠났다고 했다.

더욱 겁을 먹게 한 건 2002년 월드컵대회 영웅 유상철 감독도 최근 췌장암으로 젊은 나이에 갑자기 별이 되었다는 소식이었다.

MRI검사 결과를 기다리는 일주일 동안은 불안 · 초조함에 비장한 생각밖에 들지 않았다. 평상심을 유지하려 했지만, 걱정은 이내 공포감으로 확장되었다.

아직 결과를 봐야 하니 좀 의연해지자고 스스로 다독였지만 허사였다. 이때 『토지』 작가 고 박경리 선생이 암에 걸리자 고령을 이유로 치료를 거부하고 세상을 떠나신 숙연한 일화가 떠올랐다. 나도 좋지 않은 상태라면 그렇게 담담하게 떠나면 어떨까. 일단 그런 생각을 하니 다소 위안이 되었다.

그래, 일 년만 버티면 돼! 내 삶의 흔적을 정리하고, 사랑했던 이들에게 작별의 인사를 하고, 그동안 써 놓은 글을 모아 두 번째 수필집을 내놓고 나면, 나머지는 하늘길을 바라보며 기도로 채우면 되겠다는 생각에까지 이르렀다.

결과를 보러 가는 날 아내와 둘이 가기로 했는데 아들이 아버지가 걱정된다며 기어이 직장에 휴가를 내고 왔다. 기도를 드리고 집을 나섰건만 병원 가는 길이 마치 자갈밭을 걷는 기분이었다. 진료실에 세 명씩이나 들어가는 게 겸연쩍어 내가 먼저 의사에게 싱거운 인사를 했다.

"겁이 나서 가족들과 함께 왔습니다."

의사는 컴퓨터 영상을 보면서 이런저런 설명을 하는데 나는 딱히 무슨 말인지 귀에 들어오지도 않고 빨리 판정이 나오기만을 기다렸다. 아내나 아들도 바짝 긴장되어 의사의 입만 뚫어지게 쳐다보고 있었다. 의사가 우리를 한번 휙 돌아보더니 우리의 초긴장 상태에 아랑곳하지 않고 지극히 사무적으로 말했다.

"췌장에는 이상이 없습니다. 다만 다른 몇 군데 장기에 이상 소견이 있으니 정기적으로 검사해보도록 합시다."

나는 췌장에 문제가 없다는 명쾌한 판결에 안도의 한숨을 내쉬었다. 아내와 아들도 갑자기 긴장이 풀린 탓인지 아무 말도 하지 않았다.

이번 검진은 그동안 소홀히 했던 내 건강을 돌아보는 계기가 되었다. 그동안 건강을 해친 첫 번째 요인이 무엇일까. 아무리 생각해봐도 술이 아닐까 하는 생각이 들었다.

술을 아예 딱 끊어버릴까 하다가 그건 자신도 없을뿐더러 삶의 즐거움을 송두리째 포기하는 것 같아, 기도드리는 정성으로 100일 동안만 금주하고 그다음엔 절주 모드로 가기로 했다.

사실 100일 동안 술을 한 잔도 입에 대지 않는다는 건 나로서는 거의 불가능한 일이었다. 어떤 친구는 말했다. 술을 100일 동안 마시라면 마시겠지만 끊으라면 그건 불가능한 일이라고. 애주가들치고 이 말에 동의하지 않는 사람은 없을 만큼 원래 술이란 그런 것이니 금주는 대단한 사건인 것이다.

금주 열흘, 한 달, 두 달, 석 달…… 이건 정말 고행이요, 구도의 길이라는 생각이 들었다. 금주에 따라 자연스럽게 저녁 술자리와 기름진 음식을 멀리하게 되었으며, 일찍 자고 일찍 일어나는 생활의 변화를 가져왔다. 목표한 날이 다가올수록 어쩌면 100이라는 숫자는 신성한 숫자가 아닐까 하는 생각마저 들었다.

금주에 성공하던 날, 나는 마치 지옥문을 벗어나 광명의 길로 들어선 기분이었다. 몸이 가벼워지고 에너지도 솟구쳤다. 며칠 후, 오래전에 예약해 놓은 단골 병원에 가서 주기적으로 받는 검진을 받았다.

물론 의사에게 큰 병원에서 췌장 검사받은 얘기와 100일 금주 얘기도 했다. 의사는 전에 검사했던 각종 수치와 비교해보더니 놀란 표정으로 현저히 좋아졌다며 말했다.

"잘했습니다. 이번처럼 절제된 생활을 하면 더 건강해질 수 있습니다. 두세 잔의 술은 건강에 지장이 없으니 기분 좋게 드셔도 됩니다."

브라보, 그러면 그렇지! 한데, 말이 두세 잔이지 그렇게만 지켜진다면 얼마나 좋을꼬.

은하철도

열차가 정거장 역사로 미끄러지듯 들어오고 있다. 나는 온 힘을 다해 승강장 계단을 몇 개씩 뛰어 내려갔다. 숨이 턱에 차고 머리털이 치솟았다. '이번에 또 놓치면 안 돼, 일 년을 더 기다려야 해, 안 돼~.' 그러나 간발의 차이로 괴물 같은 열차는 기적 소리만 길게 남긴 채 이무기로 변신하여 밀림 속으로 스르르 사라졌다.

나는 다리에 힘이 풀려 플랫폼에서 망연히 서서 그걸 바라보았다. 뒤늦게 죽을힘을 다해 계단을 뛰어 내려온 동료 몇몇도 열차 꽁무니를 바라보며 발을 동동 굴렀지만, 열차는 이미 떠난 뒤였다.

직장에서 승진시험이나 심사를 앞둘 때면 나는 이렇게 아슬아슬한 꿈을 꾸곤 했다. 피라미드형으로 좁아지는 승진문은 계급이 올라갈수록 좁은 문이 아니라 숫제 바늘구멍이었다.

경쟁은 치열하다 못해 처절했다. 그런 방정맞은 꿈을 꾸고 나면 꿈은 거꾸로라고 스스로 위안했다. 하지만 그건 희망 사항일 뿐 사정없이 미끄러졌다.

불안하고 답답한 마음에 떨어져도 좋으니 시원하게 덜커덩 붙는 꿈이라도 한번 꾸어봤으면 좋겠다고 푸념해 봤지만, 무슨 꿈같은 소리냐는 듯 그런 일은 한 번도 일어나지 않았다.

몇 년마다 구사일생으로 열차에 매달리다시피 간신히 올라타긴 했다. 그것도 대개는 막차 맨 뒤 칸이었다. 그럴 때는 승진예정자 명단에 끼어도 순위가 늦어서 임용이 뒤처졌다.

직장 동료나 친구들은 나에게 '승진 복 대신 일 복은 많지 않으냐.'며 위로 아닌 위로를 했다. 일복도 복이라면 도대체 무슨 복에 낄까 몰라도, 어느 직장인인들 신물 나게 일 안 해 본 사람이 어디 있겠는가. 더군다나 경쟁 사회에서 살아남기 위해 영혼까지도 판다는 이 엄혹한 세태에….
어쨌든 그런 전쟁 통에서 나는 용케도 견뎌내긴 했다.

퇴직하고 나서도 한동안 같은 꿈을 꾸었다. 예전과 다른 점은 종착역에 내린 것이다. 그곳에선 먼저 타려고 별별 야료를 부리던 군상들이나 진인사대천명(盡人事待天命) 하던 인사들 할 것 없이 모두 서성거리고 있었다.

더 갈 곳 없는 종착역에서 그들은 또 어디로 가려고 두리번거리고 있던 걸까.

그리고 세월이 한참 흘렀다. 그런데도 간밤에 또 왜 그 괴물 같은 열차를 타려고 등에 땀이 배도록 뛰었는지 알다가도 모를 일이다.

이젠 은하철도를 타야 할 나이가 되어 가는데도 말이다.

외로운 시대의 기도

부친께서 생전에 하시던 말씀이 문득문득 떠오른다. 약주 한잔 얼큰해 들어오시는 날이면 늘 '든든한 너희 작은아버지 한 분 있었으면 좋겠다.'라던 말씀이다.

사업에 실패했을 때는 상의할 형제 하나 없다며 눈물 흘리는 모습도 본 적이 있다. 고모님이 계셨지만 멀리 떨어져 살고, 3대 독자로 지내시다 보니 더욱 형제가 절실했던 것 같았다. 부모님이 우리 형제를 다섯이나 낳고 자매까지 둔 것은 그런 외로움 탓이 아니었을까.

그때만 해도 외아들이나 외동딸은 귀한 자식이라고 하

면서도, 외롭게 여기던 시절이었다. 어렸을 때 내 친구 외동들도 사실상 어딘가 외로워 보였다. '외'자 탓이었을까.

하기야 사람뿐만 아니라 사물도 '외' 자가 들어가면 외로워 보이지 않던가. 외딴집, 외기러기, 외나무다리도 어쩐지 외롭다. 그래서였는지 어느 작가가 '외' 자가 들어가는 참외를 보고 '참외는 참 외롭다'라는 글을 썼는지도 모르겠다.

우리 시대는 산아제한을 장려하던 시대였다. 나도 남매를 두고 더 낳지를 않았다. 정부에서 아들딸 구별 말고 둘만 낳아서 잘 기르자고 했지만, 그렇지 않아도 주로 단칸 셋방살이를 하던 시절이라 아이가 셋이면 시끄럽다고 방 얻기도 어려웠다.

우리 자식들 세대는 외동의 세대로 변해가고 있다. 이젠 살만하다고 생각했는데, 소위 MZ세대 뿐만 아니라 젊은 층에 빨간불이 켜졌다.

많은 젊은이가 결혼을 안 하려 하고, 한다 해도 아이를 낳지 않으려 하며, 낳는다고 해도 하나만 낳는 풍조가 만연하고 있다. 이러다간 형 동생이 없어지고, 자매가 없어지고, 4촌이 없어지는 외동의 나라로 변할 것 같다.

내 친구 중에는 마흔 살이 넘는 미혼인 아들딸을 둔 아버지들이 즐비하고, 손주가 하나뿐인 친구도 수두룩하다.

국가의 3요소는 영토, 국민, 주권이다. 그중 국민에 빨간불이 켜졌다는 것은 국가의 존립을 위태롭게 하는 문제이다.

출산율을 높이기 위한 국가의 대책이 필요한 이유이기도 하다. 이를 위해 경제, 사회, 교육, 육아 등 여러 문제가 선결되어야 하겠지만, 젊은이들의 역사관, 가족관, 가치관도 바르게 정립되어야 한다.

우리나라 합계출산율 0.7명, 여성 1명당 평생 낳을 것으로 기대되는 출생아 수가 0.7명이라는 의미다. 경제협력개발기구(OECD) 중 한국이 꼴찌이다. 전쟁 중인 우크라이나(1.3명)에도 미치지 못한다. 포탄이 떨어지는 전쟁 통보다 더 힘들다는 얘기인가?

외국에서도 우리나라를 관심 있게 보고 있다. 뉴욕타임스(NYT)는 2023년 7월 16일, 유엔의 세계 인구 추계를 인용, 저출산 영향으로 2050년이면 한국의 고령화 정도가 사실상 세계 제1위가 될 것이라고 보도했다.

생산가능 인구도 올해 3,600만 명에서 2050년에는 2,400만 명으로 급감할 것으로도 예상했다.

이런 문제는 강 건너 불이 아니라 내게도 닥친 문제이다.

나는 친손으로 손녀만 두고 있고, 외손으로 손녀와 손자를 두고 있다. 친손자가 없으니 늘 한쪽 자리가 비어있는 것 같다.

아내와 나는 손자 타령 문제로 가끔 입씨름한다. 내가 '어떤 사람이든지 제 먹을 것은 다 갖고 태어난다(天不生無祿之人).'라는 성현의 말씀을 들이대도 소용없다. 지금이 시대에 무슨 고루한 조선 시대 사고냐며 핀잔을 준다.

손녀 하린이가 돌이 채 안 되었을 때였다. 장롱 아랫단 무거운 서랍을 두 손으로 낑낑대며 열고 있었다. 뭘 하려는지 스마트폰 영상으로 보고 있으려니 서랍에서 내의를 꺼내고 있었다. 그리고 다시 온 힘을 다해 서랍을 밀어 닫는 것이었다.

제 어미가 늘 그 서랍을 열어 내의를 갈아입히는 걸 보고 따라 한 것 같았다. 장롱 서랍이 그렇게 쉽게 열고 닫치는 무게가 아닌데도 아직 돌도 안 된 녀석이 어미를 따라 고사리 같은 손에 힘을 주어 서랍을 여닫는 것이 아닌가.

'어이구 다 키웠네!'

기특하다 못해 신비롭기까지 했다. 세상에 태어난 지 겨우 몇 달밖에 되지 않아 걸음마도 못 하는 아이의 당찬 모습이 몇 년 지난 지금도 생생하게 떠올라 많은 생각을 하게 한다.

외손녀는 고등학생이 되었다. 중학생 때에도 미래에 대한 포부를 종종 말했지만, 고등학생이 되니 장래 진로에 관한 관심이 부쩍 늘었다. 키가 훌쩍 크는 것과 같이 소견도 알차게 들어차는 것 같아 믿음직스럽다.

어릴 때는 학교공부 외에 온갖 예능 과외를 하고 중학교 때까지 바이올린 연습을 하더니 고등학교에 진학하자 자연히 손을 놓는다. 갓난아기 때부터 외할머니가 돌봐줘서 그런지 외갓집에 와있는 걸 더 좋아한다.

아침을 먹는 둥 마는 둥 하고 한 짐이나 되는 가방을 울러 메고 헐레벌떡 뛰어가는 모습이 안쓰럽다.

외손자는 중학생이다. 요즘 사춘기 고비를 잘 넘겨야 한다는데 건강하게 잘 넘겨줘서 고맙다. 키는 곧 할아버지를 넘어설 것 같고 목소리도 제법 테너 소리를 낸다.

공부도 잘하지만 유머러스한 걸 보면 사회생활도 잘할 것 같다. 사내 녀석이라 체력을 기른다며 헬스장에도 열심히 다니고 있다.

손주라고 해야 친손, 외손 합해서 달랑 셋밖에 안 되니 나처럼 조선 시대 사고(?)를 하는 사람의 성에 찰리는 만무하다. 세월이 그러하니 어찌하랴. 셋이라도 장성해서 1인 2역 3역을 하기를 기대하는 수밖에.

이제 할아버지 역할은 저희 친가, 외가를 막론하고 4촌, 6촌들도 친 형제자매처럼 서로 당겨주고 밀어주는 사이가 되도록 하는 것과 사회성을 길러주어, 나 혼자보다는 우리가 함께하는 세상임을 일찍 깨우쳐 주는 것이 아닌가 싶다.

천주교에서는 미사 때마다 사도신경으로 신앙고백을 한다. 맨 끝부분은 '죄의 용서와 육신의 부활을 믿으며 영원한 삶을 믿나이다.'이다. 여기에서 '영원한 삶'이란 천상의 삶이지만, 현세적으로 보면 나는 죽더라도 자손들이 영원히 이어진다면 그것이 곧 영원한 삶이 아닐까 하는 생각을 하곤 한다.

나의 마지막 기도는 손주들이 이 외로운 시대에 외롭지 않게 서로 사랑하며 건강하게 살기를 바라는 기도이다.

우리가 함께한 시간들

뒤를 돌아보는 일이 잦아졌다. 아득한 옛날이 엊그제처럼 생생하고 그 지나간 날들이 그립다. 고맙기도 하다. 고맙고 그리운 것은 함께했던 사람들이 있어서다. 서로 밀어주고, 당겨주었던 사람들, 지금은 멀어진 사람들조차 모두 그립다.

소년기, 청년기, 중년기, 장년기를 거치면서 얼마나 많은 사람과 만나고 헤어졌던가. 이제 황혼기에 접어들고 보니 '회자정리 생자필멸(會者定離 生者必滅)'이라는 인간의 어쩔 수 없는 숙명이 피부로 느껴진다.

새로운 만남은 드물어지고 이별의 시간만 다가오고 있다. 이별은 늘 기다려주지 않는다.

제일 먼저 닥친 이별은 나를 전쟁터에서 살려낸 할아버지와의 이별이었다. 우리 가족은 갑작스러운 6·25 남침으로 피난 갈 기회를 놓쳐 이듬해 1·4 후퇴 때 피난을 떠났다.

아버지는 이미 제2국민병으로 징집된 뒤였다. 동대문 밖 이문동 집에서 출발해 얼음 언 광나루 쪽 한강을 할아버지 손에 매달려 미끄러지며 건넜다. 얼마나 강물이 꽁꽁 얼었던지 웬만한 달구지도 건널 수 있었다.

경기도 오산에 이르니 저녁때가 되어 우리 가족 5명은 피난민들과 함께 빈 쌀 창고 구석에서 잠을 잤다. 당시 오산은 중공군이 유엔군에게 밀려 북으로 패퇴하던 지역이었다.

아침에 일어나 창고 문밖에 서서 군인들의 행군을 구경하던 중에 나는 왼쪽 허벅지에 총을 맞고 피를 흘리며 쓰러졌다. 내 뒤에 서 있던 중공군 방한모 비슷한 모자를 쓴 어른을 중공군으로 오인해 총을 쏘았는데 총알이 내 허벅지를 관통해 그의 무릎에 박힌 것이다.

그는 사망했다. 전쟁터에서 죽으면 그만이었다. 할아버

지는 군인에게 사정해 겨우 빨간약(머큐로크롬) 한 병을 얻어 바르고 이불깃을 찢어 동여맸다. 그때부터 할아버지는 짊어진 이불 짐 위에 만 여섯 살이나 된 나를 태우고 천 리 길을 걸어갔다.

길가 눈밭에는 어린아이, 노인 할 것 없이 시체가 여기저기 널브러져 있었다. 할아버지는 당시로써는 60세의 노인이었다. 할아버지께서는 내가 고등학교 3학년 때 별세하셨다. 병석에 계시던 할아버지를 제대로 돌봐드리지 못한 것이 항상 죄스럽다.

세월이 흐름에 따라 부모님과 장인 장모님도 떠나가셨다. 암울한 시대에 한평생 옆도 돌아보지 않고 자식들을 위해 모든 것을 희생하신 어른들이다.

네 분 모두 천수를 누리시기를 빌었는데 세월 따라 한 분, 한 분 세상을 떠나셨다. 은혜를 갚기도 전에 모두 떠나가셔서 안타까움이 가슴속 깊이 사무친다.

특별히 친했던 친구도 여러 명 세상을 떠났다.

월남전에 참전했다가 전사한 해병 친구, 브라질에 이민 가서 세상을 떠난 친구, 이루지 못한 꿈을 비관하며 소주만 마시다 떠난 친구도 있다. 한동네에서 태어나 평생을 함께한 친구들도 여러 명 떠나갔다.

모두 멋진 인생을 꿈꾸며 피를 나눈 형제처럼 뒹굴던 친구들이다. 많은 친구 중엔 가난하지만 멋지게 살다간 친구도 있고, 풍족하지만 허망하게 떠난 친구도 있다.

오늘의 밑거름이 되어준 은인들도 세상을 떠났다. 대학다닐 때 등록금이 없어 쩔쩔매던 시절에 등록금을 대 주시던 가정교사 집 사장 내외분도 떠나셨다.

공직생활 30여 년을 하면서 비서실에서 모셨던 장관 세 분을 포함한 많은 상사도 세상을 떠나셨다. 청와대 비서실에서 모셨던 대통령 두 분도 서거하셨다.

이 모든 분과 함께한 시간이 너무나 소중하기에 나는 가끔 그들이 살아있는 것처럼 느낄 때도 있다.

하늘은 누구에게나 한 가지 복은 준다고 한다. 나는 흔히들 바라는 재물이나 출세복은 박복하지만, 인(人)복은 있다고 생각한다. 이 모진 세상을 살아가면서 사람 복마저 없었더라면 힘들게 살았을 것이다.

사람 복이란 함께 살아가면서 서로 염려해주고, 인정해주고, 서로 사랑하는 복이 아닐는지. 공직이나 사회생활을 할 때 끌어주고 밀어주었던 직장 선후배와 동료들, 무슨 일이든 자기 일처럼 기뻐해 주고 염려해주던 친구들, 이들이 모두 나의 네 잎 클로버이다.

젊은 시절 풋풋하게 지냈던 이성 친구들도 나를 성숙하게 만들어 준 좋은 친구였다. 포항과 광주에서 신혼생활을 하던 우리 부부를 챙겨주던 월세방 집주인 경상도 할머니와 전라도 아주머니는 지금도 생존해 계실까.

이제 두려운 것은 평생 생사고락을 함께한 형제자매와 가족들과의 이별이다. 우리는 7남매라 모두 짝이 차면 14명이어야 하는데 어느덧 칠팔십 대에 이르다 보니 벌써 몇 자리가 비었다. 더 빈자리가 늘어날까 봐 가슴 졸이는 나이가 되었다.

백세시대라 하지만 어찌 내일을 예측할 수 있으랴. 일찍 여동생을 잃고 나서는 수십 년 동안 가슴 한구석이 늘 허전했다. 지금 또 우리 중에 누가 먼저 떠나간다는 것은 생각조차 하기 싫다. 이젠 슬픔을 감당할 수 없는 나이가 되어버렸다.

나는 생업에서 손을 뗀 날부터 될 수 있는 대로 나이를 의식하지 않으려고 이런저런 취미 생활을 하기 시작했다. 늦깎이로 신앙에 입문해 영성 생활도 시작했다.

평소에 쓰고 싶었던 글을 쓰고, 그리고 싶었던 그림을 그리고, 부르고 싶은 노래를 부르고 있다. 예술인들과 함께 하는 시간이야말로 나의 감성을 풍부하게 하고 정신과 육체를 건강하게 만드는 귀한 시간이다.

요즘엔 문학 활동에 좀 더 비중을 두고 있다. 문학을 통해 새롭게 사물을 인식하고 새로운 깨달음으로 생의 보람을 느끼며 활력을 찾으려고 함이다.

팔십이 목에 찼다. 삶과 죽음은 춘하추동이 순환하는 것과 다름이 없다는 장자의 말이 이해되는 나이이다. 숫자보다도 이젠 새로운 환경에 순응하는 삶의 슬기를 발휘해야 할 때가 되지 않았나를 성찰해 본다.

그리고 기도한다. 자식들이 넓은 안목으로 진정한 행복이 무엇인지를 깨닫기 바라고, 손주들이 건강하게 성장해서 청운의 뜻을 이루기를 기도한다.

사랑하는 사람들이 건강하게 살아가기를 기도하며, 나와 함께한 모든 사람이 그때가 정말 소중한 시간이었다고 기억되기를 기대한다.